U0567736

■ 本书获得河北经贸大学2015年校出版基金资助

中国文化消费区域差异研究

Zhongguo Wenhua Xiaofei Quyu Chayi Yanjiu

李剑欣 张占平 著

中国社会科学出版社

图书在版编目（CIP）数据

中国文化消费区域差异研究／李剑欣，张占平著．—北京：中国社会科学出版社，2016.6

ISBN 978－7－5161－8563－6

Ⅰ.①中…　Ⅱ.①李…　②张…　Ⅲ.①文化生活—消费—区域差异—研究—中国　Ⅳ.①G124

中国版本图书馆 CIP 数据核字(2016)第 157870 号

出 版 人　赵剑英
责任编辑　孔继萍
责任校对　刘　娟
责任印制　何　艳

出　　版　中国社会科学出版社
社　　址　北京鼓楼西大街甲 158 号
邮　　编　100720
网　　址　http://www.csspw.cn
发 行 部　010－84083685
门 市 部　010－84029450
经　　销　新华书店及其他书店

印刷装订　北京市兴怀印刷厂
版　　次　2016 年 6 月第 1 版
印　　次　2016 年 6 月第 1 次印刷

开　　本　710×1000　1/16
印　　张　13.25
插　　页　2
字　　数　160 千字
定　　价　49.00 元

序

十七大提出了文化大繁荣的战略，大力发展文化产业。而文化消费作为推动文化产业发展的重要因素就显得极其重要了。对区域文化消费进行考察则成为学者研究的应有之义。

李剑欣等同志对这一问题进行了长期的研究。在前人对群体消费需求分析的基础上，从中观层次提出影响区域文化消费需求的影响因素及其作用机制，认为收入水平、教育发展程度、公共文化基础设施以及区域文化特征是对区域文化消费水平发挥作用的主要因素，这些因素间通过不同的渠道对文化消费产生影响。

第一，在理论分析基础上本研究提出了理论假设，构建了区域文化消费水平的决定模型。模型的自变量为区域文化消费水平，解释变量包括经济发展水平、教育水平和区域文化特征等。由于考虑到农村地区教育水平、公共文化基础设施等因素的同质性特征。

本书仅选取了2004—2012年我国大陆地区31个省、市、自治区城市居民的相关数据，利用EVIEWS软件对面板数据进行了分析测算，估计了模型的参数。计算结果基本验证了此前的理论假设，包括区域居民收入水平、教育发展水平以及区域的地域特征等区域文化消费水平的影响因素通过了显著性检验，但公共文化基础设施建设未能通过显著性检验，说明此前的理论假设存在一些问题或者指标选取方面存在不恰当的情况。但模型基本能够对区域文化消费的形成机制进行基本解释，此前的理论分析基本可靠。

第二，提出区域文化消费模式类别标准，在此基础上对各省市进行类别划分，为制定差异化的文化消费激励政策提供了依据。

本书首先对区域文化消费水平与结构形成机制进行了探讨，认为区域的约束条件对区域文化消费的模式会产生决定性影响。在理论分析基础上，本书提出了区域文化消费的分类标准，认为对区域文化消费模式进行分类应该依据文化消费特点以及区域教育、经济发展程度和地区文化偏好进行综合判断，目前我国区域文化消费模式大体上可以划分为先导型、均衡型和滞后型等。本书利用区域教育水平、经济发展程度以及文化消费数据，采用聚类分析方法尝试对我国31个省、市、自治区的文化消费模式进行了类别划分，发现北京、上海为同一类，可归为先导型，沿海的江、浙、闽、粤等省市为一类，中部地区省份为一类。虽然方法稍显粗糙，结论还不尽可靠，但仍具有现实和理论价值，为制定差异化的文化发展引导政策提供了理论与现实依据。

第三，在考察了相对发达地区文化消费市场培育的成功经验基础上，设计了推动不同区域的刺激文化消费的激励方案。

本书在理论与实证分析的基础上，对影响地方文化消费的规模与结构的诸多因素进行了归纳和梳理，并对发达国家和先进地区刺激文化消费的成功经验进行了概括。在此基础上，本书系统地设计了不同类型和层次的文化消费水平的激励和结构优化的方案，认为文化消费的刺激需从政府职能和市场运作两方面着力，发挥市场在资源配置中的决定作用和政府的导向性作用，一方面，政府需要加大公共文化事业的投入，完善公共设施，不断提升市场监管能力；另一方面，需要激发文化企业微观主体的竞争力，为消费者提供多元化、多层次的文化产品和服务，满足消费者需求，从而推动文化产业的快速发展。

我们期待这一领域有更加有深度的研究成果问世！

张金桐

摘　要

发展文化产业对于调整产业结构、实现经济增长方式转变具有非常迫切的现实意义。在影响文化产业发展的诸多因素中消费需求无疑是其中最为重要的主导因素之一，因此对文化消费需求进行深入研究具有极为重要的理论和现实意义。基于上述认识，本研究着重对文化消费需求的区域差异进行深入考察分析，力图从文化消费需求的区域差异角度深化理论界对文化消费需求的内在规律的认知，并据此设计推动文化产业快速发展的实施方案。

本书共分七章内容。首先在界定文化产业与文化消费基本概念基础上，对我国文化消费变化趋势以及区间差异进行分析，发现我国区域间文化消费结构与规模差异正呈现不断扩大之势。然后在前人研究基础上，经过进一步理论分析和概括，提出了理论假设，认为影响区域文化消费的主要因素包括收入水平、教育水平、文化设施以及区域偏好等。基于理论假设，作者构建了区域文化消费支出的影响模型，并利用 31 个省、市、自治区城镇文化消费面板数据对理论假设进行了实证检验，计算结果验证了此前的理论假设。

为了对区域文化消费特征进行深入分析，本书对区域文化消费特征产生机制进行了深入考察，认为各省区的文化消费特征与所在地区的一些约束条件密切关联，处于不同阶段的地区，由于其所处发展阶段的差异，其文化消费也呈现出不同特点。依据上述结论，本书提出了基于收入、教育以及文化设施差异的区域文化消费模式的分类标准。随后采用各省（市、区）收入水平、教育水平以及文化设施等年鉴数据，对我国各省市的文化消费模式进行类别划分，通过聚类分析初步将我国各省市的文化消费模式划分为5类，并结合案例介绍对不同类别的文化消费模式的特征及其产生原因进行了阐释。

本书论述了文化消费与文化产业发展的关系，重点测算了不同区域的文化消费对文化产业发展产生的拉动效应差异。采用案例方法对先进地区拉动文化消费促进文化产业发展的做法和经验进行了分析，对其中的一些规律性的特征进行了总结和梳理。

最后本书基于文化消费的内在规律，提出了促进拉动文化消费的若干政策路径，主要包括文化基础设施等公共资源的优化配置、法律制度的健全以及文化消费政策支持体系的进一步完善等诸多方面。

关键词： 文化消费；区域差异；消费模式；影响因素

Abstract

It was very important for us to develop culturalindustry, which is helpful to adjust the industrial structure, to transform the matter of economic growth. Because of the importance of the consumption demand for cultural industry, it was very significant for us to study the cultural demand. Based on the above understanding, this study focuses on the analysis of regional difference of cultural consumption demand, tries to deepen the theory the inherent law of cultural consumption demand of cognition from the perspective of regional cultural differences, and thus design the program of rapid development of cultural industry.

This book is divided into seven chapters. First based on the definition of the cultural industry and the basic concepts of culturalconsumption, the authors analyzed variation tendency of the cultural consumption in our country and the differences in the areas, found China's regional differences both the structure of cultural consumption and the scale of cultural consumption is raising. Then on the basis of previous studies, with further theoretical analysis and the summary, authors put forward the theoretical assumptions, that the main factors affecting the regional cultural consumption including the income level, education level, cultural facilities and regional preferences. Based on the theoretical assumptions, the author constructs the influence of regional culture of consumption expenditure model, and makes an empirical test on the theoretical hypothesis using 31 provinces urban cultural consumption panel data, the calculation results verify the theoretical assumptions of the previous.

In order to analyze the characteristics of regional cultural consumption, this study investigated its occurrencemechanism, resulted that cultural consumption characteristics closely related to some constraint conditions in different Province Which was in different development stage so that its cultural consumption is also showing a different characteristics. Based on the conclusions, it presents the classification standard of regional cultural consumption patterns such as income, education and culture facilities. Followed by the provinces (city, district) level of income, level of education and culture facilities yearbook data, it classify the cultural patterns of different provinces in China, by clustering analysis preliminary divides the cultural consumption patterns in various provinces in China into 5 types, and combined with the characteristic of case introduction of different categories of cultural consumption patterns and the reasons are explained.

The book discusses the relationship between cultural consumption and cultural industry development, focus on calculating the pulling effect on the development of cultural industry generated by the different region cultureconsumption. Using case study approach, it analyzed the practices and experiences of stimulating the growth of cultural consumption to in advanced areas , and summarized some regularity of these characters.

In the last, based on the inherent law of the cultural consumption, in order to pull the cultural consumption, it puts forward several policies and paths such as cultural infrastructure and other public resources optimization allocation, the legal system and the development of cultural consumption policies system and so on.

Keywords: cultural consumption; regional differences; consumption mode; influence factors

目　录

第一章

导　论

第一节　选题背景和意义

一　选题背景

（一）文化产业发展对提升国家综合实力、增进人民福祉具有重要意义

1. 发展文化产业有利于经济结构调整

文化产业是现代服务业的重要组成部分，既服务于百姓生活，又服务于现代生产活动。它具有非常突出的低碳环保特征，兼具朝阳产业和绿色产业的特点。与其他产业相比，文化产业资源消耗低、环境污染小，科技含量高、发展潜力大，市场需求强、消费空间大，开发价值高、投资机会多，对建设资源节约型、环境友好型社会具有重要作用。文化产业是进行经济结构调整的重要着力点，抓住文化产业，就抓住了经济结构和产业结构调整的突破口。因此，国家要推进经济结构的战略性调整，加快转变经济发展方式，迫切需要文化产业有一个更大发展。

2. 文化产业发展能增进人民福祉

与其他产业相比，文化产业发展的就业效应更为明显。文化企业大多是中小型企业，相对于其他行业，这些企业对从业人员的岗位技能要求不高，无需对从业人员进行专门的技能培训：因而，文化产业的发展可以为社会创造丰富的就业岗位，吸收大批量的从业人员，能够推动创业就业问题的解决。

文化产业是满足人民群众多元化、多层次、多方面精神文化需求的主要方式与途径，是改善居民文化生活、提高居民生活质量和幸福程度的重要手段。随着经济条件的改善、教育水平的提升以及闲暇时间的增加，大众追求自我文化表达、参与自主文化创造活动的意愿不断增强，实现和维护自身文化权益的意识更加强烈。相对于广大居民的现实需要与期待，我国文化产业发展水平还不高，总体上还不能很好地满足快速增长的人民群众精神文化需求，回应人们对繁荣文化市场的新期待。文化产业还承载着弘扬社会主义核心价值体系、实现文化传承，凝聚社会共识，促进社会和谐稳定的积极作用。

（二）各国政府对文化产业发展都给予高度关注和重视

欧盟及其成员历来高度重视文化在社会经济发展中的特殊地位和重要作用，明确文化是发展和加速欧洲一体化进程的主要因素，是就业和经济发展兴旺的原动力。欧盟各国对文化的扶持也是不遗余力的。2000 年，德国政府的文化支出为 71.77 亿欧元，占公共预算的 1.47%，占 GDP 的 0.34%。英国政府拨给英国文化艺术委员会 2003—2006 年用于扶持文化艺术的经费预算超过 10 亿英镑。法国对电影产业的补贴最大。近年来，法国电影扶持资金一直保持在每年 4 亿—5 亿欧元，2003 年为 4.5 亿欧元，为法国电影在制片、发行和展映、促销等环节提供了资金保证，也使法国电影在国际竞争中具有较强的实力。英国和德国除对影视制作给予经费补贴外，也同法国一样对电影生产给予税收减免，如实行“电影生产投资基金免税政策”①。

美国政府对文化产业的发展给予高度重视。美国的文化机构从经营性质上分为营利性和非营利性两种。非营利性机构，是免税的，而且可以得到政府和社会的资金支持，但其利润不得为私人部门所有。从事高雅艺术、民族艺术和文化遗产保护领域的文化机构大多属于非营利性机构。政府对它们采取的是鼓励、支持和保护政策。这种鼓励、支持和保护在减免税政策中得到了最大的体现②。根据《国家艺术和人文事业基金法》的规定，政府对非营利性质的文化艺术团体和公共电台、公共电视台免征所得税，并减免为其提供赞助的个人和公司的税额。美国政府每年都要拿出一定比例的资金，支持文化艺术事业建设。联邦政府每年用于艺术方面的资金在11 亿美元左右，而各地方政府和企业对文化艺术事业的赞助高达50 亿美元抑或更多。

韩国政府对文化产业发展格外关注，对文化产业发展的财政支持力度逐年加大。在 2000 年文化事业财政预算首次突破国家总预算的 1%，文化产业预算由 1998 年的 168 亿元增加到 2003 年的1878 亿元，占文化事业总预算的比例由 3.5 % 增长到约 17.9%。另外，韩国政府还设有多种专项基金，扶持相关产业的发展。如文艺振兴基金、文化产业振兴基金、信息化促进基金、广播发展基金、电影振兴基金、出版基金等。另外，它还运作“文化产业专门

---

① 霍步刚：《国外文化产业发展比较研究》，博士学位论文，东北财经大学，2009 年。

② 参见张慧娟《美国文化产业政策及其对中国的启示》，博士学位论文，中共中央党校，2012 年。

投资组合”以及利用税收、信贷等多种优惠政策来支持文化产业的发展。政府的投入和政策倾斜极大地鼓励了民间资本、风险资本的跟进，有效地缓解了文化产业研发和海外推广的资金问题[①]。

日本政府非常重视海外文化市场开拓，通过政府采购、补贴等方式鼓励本国企业参与国际文化市场竞争，促进本国文化产品和文化服务的海外输出。外务省代表政府利用“文化无偿援助资金”通过政府财政采购方式购买本国卡通动漫文化企业、卡通动画片播映版权，免费无偿提供给世界各国特别是发展中国家的电视台国家文化传播媒体播映，在国际上推广日本的动漫文化产业。1990 年 3 月，政府、民间团体和组织共同出资成立的艺术文化振兴基金专门对各领域的文化艺术活动给予资金援助。2004 年日本经济产业省为了鼓励日本文化产业在全球市场的扩张，由财政出资特别建立名为“产业海外展开基金”，用以帮助日本文化产业在海外市场进行扩张。鼓励本国文化民间团体到世界各国举办日本文化特色的花道、跆拳道、相扑、茶艺、艺技等表演活动，既宣传了日本传统与特色的文化，提高了其知名度，又获得了海外巨大的经济利益[②]。

鉴于文化产业的上述作用，中国共产党第十七届全国人民代表大会特别强调要推动文化产业的大繁荣大发展，将发展文化产业作为要积极实现的重要任务。为了促进文化产业发展，2009 年 7 月 22 日国务院讨论并原则通过了《文化产业振兴规划》（以下简称《规划》），这是继轻纺工业之后的又一个产业振兴规划。《规划》对文化产业所具有的作用进行了深入剖析，指出当前应“加快振兴

① 参见许为民、曹峰旗《韩国政府在文化产业发展中的作用与启示》，《理论导刊》2008 年第 2 期。

② 参见杨京钟《日本文化产业财政政策对中国的启示》，《郑州航空工业管理学院学报》2011 年第 6 期。

文化产业，充分发挥文化产业在调整结构、扩大内需、增加就业、推动发展中的重要作用”。《规划》还列举了当前发展文化产业的八项重要任务，即（1）发展重点文化产业；（2）实施重大项目带动战略；（3）培育骨干文化企业；（4）加快文化产业园区和基地建设；（5）扩大文化消费；（6）建设现代文化市场体系；（7）发展新兴文化业态；（8）扩大对外文化贸易。由此可以看出，文化产业的振兴已经提升到国家战略层面。

（三）文化消费是推动文化产业发展的重要动力

消费是人类日常生活中重要的组成部分，文化消费需求是总体消费需求的重要构成要素。随着社会的发展与经济的繁荣，文化消费需求的扩大与发展是必然要出现的现象，其重要性将随之提升，成为居民消费中日益重要的组成部分。近些年，中国经济的快速发展，极大地推动着居民文化消费需求的快速增长与繁荣，作为文化产业链上的最终环节和促进居民消费结构升级的重要力量，文化消费对于促进文化产业发展、推动我国产业结构优化升级以及提高国民素质都有着十分重要的意义。未来文化产业的发展，很大程度上有赖于文化消费需求的持续拉动。在当前我国居民消费结构升级的时期，扩大居民文化消费、提高文化消费能力既是我国刺激经济、扩大内需的重要举措，也是突破文化产业发展瓶颈的重要手段。

中央政府对此高度重视，国务院制定的文化产业振兴规划中明确提出了“扩大文化消费”的政策方向，即“不断适应当前城乡居民消费结构的新变化和审美的新需求，创新文化产品和服务，提高文化消费意识，培育新的消费热点。加强原创性作品的创作，打造一批具有核心竞争力的知名文化品牌。努力降低成本，提供价格合理、丰富多样的精神文化产品和服务。加快建设具有自主知识产权、科技含量高、富有中国文化特色的主题公园。开发与文化相结合的教育培训、健身、旅游、休闲等服务性消费，带动相关产业发展”。《规划》为相关部门培育文化消费热点指明了方向。

（四）与西方发达国家相比，我国居民文化消费的潜力远未得到充分释放，区域不平衡特征明显，尚存在诸多问题与不足

我国文化消费占各类产品总消费比例偏低，结构单一，文化产品质量与消费者的精神期待之间仍存在一定的距离，此外，文化消费区域性失衡的问题也比较突出[①]。文化产品和服务可以形成新的消费需求和消费热点，直接拉动消费的增长，挖掘文化消费潜力、拓展文化消费空间，已成为扩大内需的重要引擎。

1. 我国文化消费规模总量偏小，居民文化消费支出占比偏低

首先，我国居民文化消费起点较低，居民文化消费意识不强，文化消费总量偏少。2004 年，我国文化产业实现增加值 3440 亿元，仅占 GDP 的 2.15%。2010 年我国文化产业实际增加值为 8000 多亿元，2013 年我国文化产业增加值达到 2.1 万亿元，约占国民生产总值比重的 3.77 %，比 2012 年增加 0.3 个百分点。尽管发展较快，但与美国和日本的文化产业增加值占 GDP 的比重相比则仍然存在较大差距。其次，我国居民文化消费支出在居民可支配收入中所占的比例偏低，文化娱乐服务支出指标排名均较后。从国家统计局发布的数据来看，早在 2009 年我国人均 GDP 已达 5000 美元，总体上已进入小康居民消费阶段。从家庭支出比来看，西方发达国家文化消费占家庭消费支出的比例一般在 15%—18%，与之相比，我国居民文化消费支出占居民可支配收入比例偏低，与我国人均 GDP 水

① 参见邱羚《我国文化消费的理论与实证研究》，《商业时代》2011 年第 36 期。

平不相符合。如何提高居民的文化消费能力是未来我国文化产业保持快速发展必须解决的重大问题[①]。

2. 文化消费不均衡情况突出

我国大众文化消费市场的形成期较晚，改革开放以后文化市场才开始进入快速成长期。由于政府在城乡文化基础设施上的投资不均衡以及城乡收入的巨大差距，造成了我国城镇和农村居民文化消费差异巨大，文化消费呈现城乡二元结构模式。近年来，政府不断加大投资力度，实施广播电视“村村通”工程、全国文化信息资源共享工程等一系列改善农村公共文化服务条件政策，弥补多年来累积的对农村文化基础设施方面的欠账。尽管如此，城乡居民对于文化成果的分享程度依然有很大差别，城镇居民的文化消费设施建设、文化内容更新、文化产品消费市场的综合性发展指数明显高于农村居民。农村居民相对于城市居民而言，文化消费活动较为单一，主要是看电视和听广播。由于基础设施建设和经济条件的限制，对网络等新媒体的消费较少。此外，我国文化消费中的区域差异也十分明显，东部发达地区文化消费占日常开支的比例明显高于西部。如何出台针对经济欠发达地区的专门政策，释放广大农村地区的文化消费能力，成为拉动我国文化产业整体提升的关键问题。

因此，对区域文化消费规模与结构差异进行深入研究极为迫切和必要。鉴于此，本研究选定区域文化消费差异作为研究对象，着力对区域文化消费需求的差异进行认真解读，并分析其内在机制，以期对推动文化产业发展有所助益。

① 参见邱羚《我国文化消费的理论与实证研究》，《商业时代》2011 年第 36 期。

二 研究意义

（1）理论意义。本书在前人研究的基础上对影响居民文化消费需求的一般因素进行概括提炼，进而提出影响区域文化消费的要素构成及其运行机制，并进行实证检验。研究结论具有一定的理论意义，是对既有的文化消费需求影响理论的丰富与拓展。

（2）本书采用实证研究方法对影响区域文化消费需求的多种因素进行验证分析，并在此基础上提出不同类型区域促进文化消费、发展文化产业的政策优化路径和实施方案。研究结论对全国以及不同区域的管理部门具有重要的借鉴和参考作用，为相关文化产业政策的制定提供决策依据和参考。

第二节 文献综述

文化消费领域的研究文献较多，这些文献主要围绕文化消费的内涵、文化消费的特征进行梳理挖掘，概括文化消费的一般规律。随着研究的深入，部分文献开始着手阐述文化消费变迁的一般规律，并对特定国家、特定地区的文化消费特征进行剖析，也有学者对特定群体的文化消费特征给予特别关注，考察影响文化消费的因素。

一 文化消费的内涵与特征

(一) 文化消费的内涵

从20世纪20—30年代以后，文化消费作为文化社会学的一个分支受到了理论界的关注和重视。20世纪50年代末60年代初，国外学者开始对文化消费进行系统的研究。对于文化消费的内涵，国内外学者有着不同的理解和看法。托斯丹·邦德·凡勃伦（Thorstein B. Veblen，1899）[①] 提出了“炫耀性消费”和“炫耀性休闲”的概念，认为文化消费遵循荣誉准则和竞争本能规则，人们为了在社会上获得地位与声望，只有通过消费或服务来证明自己的支付能力，以达到与他人的歧视性对比。西奥多·阿多诺（Theodor Wistuqrund Adorno，1979）[②] 认为文化消费是一个完全被动的消费过程，文化消费的后果由生产决定，是一种社会控制的手段。丹尼尔·米勒（Miller，D.，1987）[③] 认为文化是一个动态的过程，必须同时有生产和消费、客体和主体，缺一则不是文化；文化就是两者之间动态的交互关系，正是在这种相互建构的过程中，文化被创制出来，文化消费就是一种创制文化的过程。

鲍德里亚[④]着重探讨了消费性商品和服务爆炸性的增值，以及随之而来的大众消费系统。他提出“符号价值”的概念，认为文化消费是指方式、内容、动机、规则和标志都被符号化了的消费。

---

① Thorstein Veblen. M.，*The Theory of the Leisure Class*，New York：Dover Publications Inc，1899.

② Adorno，T. W. and Horkheimer，*Dialectic of Enlightenment*，London：The Free Press，1979.

③ Miller，D.，*Material Culture and Mass Consumption*，Oxford：Basil Blankwell，1987.

④ 参见［法］让·鲍德里亚《消费社会》，刘成富译，南京大学出版社2001年版。

国内对文化消费的研究比较晚，理论界第一次比较明确地提出文化消费术语是在 1985 年。关于文化消费的概念国内学者们的看法大多一致，徐淳厚（1997）① 的观点比较有代表性，他认为文化消费是指对精神文化类产品及精神文化性劳务的占有、欣赏、享受和使用等，它是以物质消费为依托和前提的。施涛（1993）② 对广义的文化消费和狭义的文化消费进行了区分。狭义的文化是指以文学艺术为主体，包括音像、出版和与此相应的文化艺术服务，而文化消费是指上述范围的文化产品和文化服务的消费。雷五明（1993）③ 则指出广义的文化消费主要是相对于物质消费而言的精神层次的消费，也就是通常所说的文化生活，它既是人们满足精神生活需要的过程，又是消费文化制品和劳务的过程。综上所述，文化与消费是密不可分的，在理解文化消费时不能简单地把他们割裂开来。因此，笔者认为，文化消费既是具有文化性质的消费，又是消费文化产品和劳务的过程。

（二）文化消费的基本特征与演变规律

作为一种特殊的消费活动，文化消费和一般的物质消费存在很大的区别，具有一些与文化活动本身相关的独有特征。

（1）文化消费的发展需要一定的物质基础作支撑。

需求不同于需要，居民在满足基本需要的情况下才能追求精神文化的需要，产生对文化消费的需求。在人们解决温饱问题、物质财富不再短缺的情况下，这种潜在的文化消费需求才能逐渐得以释

① 参见徐淳厚《关于文化消费的几个问题》，《北京商学院学报》1997 年第 4 期。

② 参见施涛《文化消费的特点和规律探析》，《广西社会科学》1993 年第 3 期。

③ 参见雷五明《九十年代城市文化消费的特点及其影响因素的调查》，《消费经济》1993 年第 3 期。

放，文化消费在人们生活中的地位才不断地得到提高，文化消费在整个消费支出中所占比重才日趋增大。当经济发展使居民的物质生活需求得到一定程度的满足之后，居民才可能调整消费结构，增加文化消费支出，实现精神文化消费的需求。徐康宁（1984）[①] 研究了居民消费支出结构变化与居民收入增长的关系，认为随着居民收入水平的提高，食品消费支出的比重将会不断降低，文化娱乐消费支出的比重则会不断增加。他根据恩格尔系数的大小把居民生活水平分为三个阶段，即生存型阶段、享受型阶段和发展型阶段。

（2）文化消费存在门槛，对消费者素质有一定要求。

王克西（2001）[②] 认为文化消费是知识增长、创新和升华的过程，消费主体使用自有知识与通过消费文化获取的知识进行有机结合，也就产生了知识创新。随着社会文化背景以及文化消费范围的日益广阔，文化消费的内容与形式也日趋丰富多样化，消费活动由简单的娱乐消遣型逐渐转向高层次的精神享受型，这些都对消费者的素质提出了一定的要求。

（3）文化消费服从边际递增规律。

文化消费是一个知识不断增殖的过程。物质性产品在消费过程中，大部分都遵循边际效用递减规律，而精神性产品如文化产品在消费过程中则不受此限制。Frey，Bruno S. 和 Werner W. Pommerehne（1998）[③] 利用实证的方法分析了教育对消费者偏好的影响，发现文化消费具有不减少效用的特征，消费越多效用越高，文化商品具有

---

① 参见徐康宁《略论恩格尔系数及其在我国的适用程度——兼与任定方同志商榷》，《数量经济技术经济研究》1984 年第 7 期。

② 参见王克西《精神文化消费统计指标体系的探讨》，《上海统计》2001 年第 4 期。

③ Frey，Bruno S. & Werner W. Pommerehne，*Muses and Markets*：*Explorations in the Economics of the Arts*，Oxford：Basil Blackwell，1998.

边际效用递增以及外部经济效应的特征。彭真善（2008）[①] 认为，文化消费的过程实质上是知识的不断增长过程，而由于知识本身具有增殖性，也就决定了文化产品在消费过程中大多遵循边际效用递增规律。崔到陵（2007）[②] 也认为，从长期消费或者可持续消费的视角来看，某种商品一旦被赋予文化价值，文化价值就会带给人们效用或者精神上的满足，就会出现边际效用不变甚至递增的趋势。

（4）文化消费具有较高的弹性。

一般来说，物质消费弹性系数相对于文化消费的弹性系数较大，文化消费的数量和质量受到诸多因素的影响，如经济因素、时间因素、消费者因素等。仝如琼、王永贵（2010）[③] 利用相关数据，计算出 2001—2005 年我国城镇居民各类消费的收入弹性以及文化消费结构中两类文化消费的收入弹性，通过相互比较，发现对于城镇居民的可支配收入而言，文化消费是富有弹性的。

（5）文化消费需求个性化强。

许多学者对文化消费需求的个性化特征进行过阐释。文化产业源于对文化产品的规模化复制，但消费者在跨越了文化消费初步阶段之后，个性化需求日益凸显。消费个体由于各自成长环境的不同、知识水平的差异以及消费动机的不断变化，从而产生了个性化的文化消费需求。此外，随着科学技术的进步以及与文化产业的深度融合，生产商能够更便捷地向消费者提供个性化产品与服务。能够提

① 参见彭真善、李靖波、曹伏良《我国农村精神文化消费的现状及改进思路》，《湖南大学学报》（社会科学版）2008 年第 3 期。

② 参见崔到陵、许成安《收入导向型商品、价格导向型商品和文化消费——由“大、小蛋糕现象”切入的分析》，《财经理论与实践》2007 年第 3 期。

③ 参见仝如琼、王永贵《城镇居民文化消费与文化产业发展》，《商业研究》2010 年第 3 期。

供个性化产品和服务的供应商在行业竞争中不断扩大优势，文化消费者在消费过程中也愈发注重个体体验。个人体验必然是针对个体的微观需求，只有最大程度满足微观需求，才能更好地实现体验效果的价值创造。个性化始终存在于消费者的文化需求之中。文化消费需求表现出的强烈个性化趋势，使其更加难以实现整体性控制。

（6）文化消费需求可塑性强。

文化消费需求区别于一般消费需求的重要特征是它的不确定性。通常来说，消费需求在时间发展序列上会自觉地实现结构性与质量性升级，表现为旧的消费需求被满足、新的消费需求相应被激发的层次性递进。这一规律普遍存在于所有消费需求之中。在这一内生发展的基础上，文化消费需求还具有外在塑造的特性。例如电影消费中的“跟风看大片”现象，某一部大片上映后会在社会舆论场中制造出时尚性话题，并围绕这些话题生成新的“语境”，没有观看者则会陷入落伍的尴尬，失去时尚的“话语权”。这种远离话语中心的失落，促使许多原本并没有观影动机的消费者产生了消费需求。这些可塑性消费需求虽然也在一定程度上存在于其他消费形式之中，但是在文化消费中表现得尤其突出。文化消费需求的可塑性为文化消费增加了许多不确定性，也增加了对其实现整体控制的难度。

（7）文化消费需求刚柔并济。

个体文化消费需求也有刚性需求与柔性需求的区别。文化消费的刚性需求，主要是指满足消费者必需的文化消费需求，如知识性消费等；柔性需求，主要是指满足消费者非必需的文化消费需求，如娱乐性消费。刚性需求与柔性需求的界限正变得越来越模糊，但是总体上来说文化消费的需求是刚柔并济的。刚性需求是个体文化需求的核心部分，是必须满足实现的；柔性需求部分则是不断发展扩张的[①]。

（三）文化消费分类

文化消费可以从逻辑上按文化消费的形式分类，也可以具体地按文化消费的内容进行分类。

其一，根据文化消费的逻辑形式分类。

从社会形式角度，文化消费可以分为公共文化消费和个人文化消费。根据文化消费的方式，可以分为被动型文化消费和参与型文化消费。从文化消费品的表现形式，可分为文化产品消费和文化服务消费。按文化消费的阶层，可分为职工消费、农民消费和个体劳动者消费。从消费的功能与目的看，可以分为基本文化消费、享受文化消费和发展文化消费，也可以分为趋于休闲倾向的文化娱乐消费和趋于学习倾向的教育消费。

其二，根据文化消费的内容分类。

国家统计部门指出，文化消费包括文化产品、文化娱乐服务及教育的消费，没有更为细致的指标，在具体运用时不好把握，所以许多研究者在进行研究时都根据自己的理解和实际情况对指标进行了细化。任红葆（1987）[②] 认为文化消费的具体表现可以是多种多样的，诸如看画展、练书法、阅读书籍、看戏、看电视、听音乐等。夏学銮（2011）[③] 认为文化消费包括：外出购书，参观美术馆、历史博物馆、自然博物馆，到剧院看戏，在家里读书、听广播、看电视，休闲、娱乐、旅游、参加健康教育与各种技能、兴趣

---

① 参见朱晨曦《文化消费的可持续性问题研究》，硕士学位论文，上海交通大学，2013 年。

② 参见任红葆《文化消费简论》，《社会科学》1986 年第 10 期。

③ 参见夏学銮《当前文化消费误区种种》，《人民论坛》2011 年第 18 期。

培训等。黄青禾（1997）[①]则进一步指出农业文化消费的内容包括休闲观光农业、体验农村、度假农场、情趣消费农业（养花）、环境绿化、美化和园林建设。

二　文化消费的功能

随着社会的进步，文化消费的功能也在不断变化发展中。很多学者对文化消费的功能和效应进行了论述，概况起来主要包括以下几个方面。

其一，促进经济发展。文化消费是社会生产的目的和动力，发展文化消费有利于形成新的经济增长点。西奥多·W. 舒尔茨[②]从人力资本的角度研究了教育消费对经济增长的影响，认为通过加大教育投资可以对人力资本的成长和经济增长产生显著的正效应。关连珠（2011）[③]认为从经济视角看，文化消费对优化产业结构，增加就业机会，带动交通、餐饮、基础设施等产业发展，进而推动经济增长具有强大作用。另外，文化消费力的提高能促进消费领域的开拓，消费市场的开拓，因而能促进经济的发展。

其二，促进社会和谐。彭真善等（2008）[④]认为居民群体的文化层次代表社会的文明发展水平，对社会的进步产生着非常重要的影响。赵爱芹（2012）[⑤]认为积极向上的文化消费可以陶冶人的情

① 参见黄青禾《关于农业的文化消费功能》，《改革与战略》1997年第6期。

② 参见［美］西奥多·W. 舒尔茨《人力资本投资——教育和研究的作用》，梁小民译，商务印书馆1990年版。

③ 参见关连珠《关于发展文化消费的几个问题》，《社会科学战线》2011年第6期。

④ 参见彭真善、李靖波、曹伏良《我国农村精神文化消费的现状及改进思路》，《湖南大学学报》（社会科学版）2008年第3期。

⑤ 参见赵爱芹《消费社会文化消费的现实性分析》，《商业时代》2012年第6期。

操，提升人的幸福指数，对社会和谐有很大的促进作用。

其三，提升消费者素质。亚当·斯密（1776）[①] 认为，文化产品的需求与消费不是可有可无的，而是提高文化水平和自身素质的必然需要。彭真善（2008）[②] 指出精神文化消费是一种培养人、塑造人、陶冶人的情操，提高人的素质，促进人的全面发展的消费活动。韩震（2005）[③] 认为精神文化产品和服务的消费，就是人的智力、知识的生产，是人的情操的陶冶，人的素质的发展和能力的提高能够提高国民的素质，提高和激发人的创造力。满足了人的文化消费，也就再生产了高端的生产力。

三　区域文化消费的现状与趋势

（一）区域文化消费需求状况

中国传媒大学文化产业研究院的范周（2010）[④] 选择了国内七个城市，对其居民文化需求和消费现状进行了深入的调查。步蕾英、王伟然（2010）[⑤] 对山东农村文化消费进行了调查研究，发现山东省农村文化消费总量较低，消费形式相对单一，文化消费市场发育不健全，需采取有效措施，引导与激励农民进行文化消费，为新农村发展增添文化“软实力”。蔡少远、雷萍等（2007）[⑥] 对成

---

① ［英］亚当·斯密：《国富论》（上卷），杨敬年译，陕西人民出版社 2001 年版。

② 参见彭真善、李靖波、曹伏良《我国农村精神文化消费的现状及改进思路》，《湖南大学学报》（社会科学版）2008 年第 3 期。

③ 参见韩震《全球化、现代消费和人的认同》，《江海学刊》2005 年第 5 期。

④ 参见范周《中国城市文化消费报告》，社会科学文献出版社 2010 年版。

⑤ 参见步蕾英、王伟然《山东省农村文化消费状况及影响因素实证分析》，《科学与管理》2010 年第 1 期。

⑥ 参见蔡少远、雷萍等《成都市农民文化需求调查报告》，《中华文化论坛》2007 年第 1 期。

都农村文化消费需求状况进行了调查，发现农村文化消费水平仍然较低，农民文化需求日益多样化。当前农村文化建设面临着经费投入不足、投资渠道单一、农村文化阵地残缺、人才不足、农民文化生活较贫乏、消费意识差、一些干部重视程度不够、工作不到位等问题。刘雯雅（2009）[①] 通过发放问卷、个别走访等方式，实地考察了当前农民文化消费状况以及农民文化消费需求的新趋势。

王亚南（2010）[②] 对2006年我国各地城镇居民文化消费与农村居民文教消费做出分析，研究结果显示我国文化消费区域间存在差异，但小于全国城乡发展差异；各地城镇居民文化消费的发展差距小于各地农村之间的发展差距。赵卫亚（2005）[③] 采用Panel Data模型来分析我国城镇居民文教消费的地区差异，通过分析得出，我国高收入地区（东部沿海地区）与中、低收入地区（中西部地区）的城镇居民文教消费行为之间存在明显差异，主要表现为：东部和中西部地区城镇居民的文教消费选择行为和消费层次存在较大差距。中西部地区居民的文教消费热点是文娱用品，东部地区居民在收入水平提高后首先是增加文化娱乐和教育的投入。另有一部分学者对文化消费差异成因进行了研究。陈燕武、夏天（2006）[④] 研究发现，我国东部农村地区的文教娱乐消费存在一致性，收入是最重要的影响因素，而中西部地区则存在较大的个体差异，传统的消费影响因素对消费问题并未起到显著影响，而个人偏好、地方政策等

① 参见刘雯雅《当前农民文化消费需求状况及对策调查报告》，《黑龙江科技信息》2009年第30期。

② 参见王亚南、方彧《中国东西部文化消费影响因素异同探析》，《广义虚拟经济研究》2010年第1期。

③ 参见赵卫亚《中国城镇居民文教消费的地区差异分析》，《统计研究》2005年第1期。

④ 参见陈燕武、夏天《中国农村居民文教娱乐消费区域性差异分析》，《经济问题探索》2006年第9期。

一些特定性因素则起到关键性作用。王亚南（2008）[①] 等人认为，人均积蓄增长在很大程度上反向影响人均文化消费增长。陆立新（2009）[②] 研究认为，收入是文化消费的基础，中西部地区农村居民文化消费比东部地区农村居民更多地受消费习惯影响。

（二）文化消费的变化规律与趋势

Ruskin J.，（1871）[③] 主张将文化和艺术放到经济理论的分析框架中，认为金钱主义只有加上文化价值才能真正提高人类的价值，他以此逻辑为基础，从文化消费的角度论述了文化与经济的关系。Throsby David（1994）[④] 从家庭经济学的角度分析了偏好对文化消费的影响，为文化经济学的研究提供了理论上的新思路。他提出了文化资本的概念，将文化资本定义为可以激发和被激发的能力，认为文化资本不仅是个人财产，还可以是企业、城市乃至国家财产的组成部分，是与实物资本、人力资本、自然资本并列的四大资本之一。Nicholas Garnham（1983）[⑤] 从政治经济学的角度研究了文化产业和文化消费，认为文化产品的使用价值就是新奇和与众不同，而且文化商品不会在消费过程中消亡或者破损。

韩海燕（2012）[⑥] 测算了我国城镇居民文化消费的收入弹性。

---

① 参见王亚南《全国各地城乡居民文化消费比较》，《云南社会科学》2008 年第 5 期。

② 参见陆立新《农村居民文化消费影响因素的区域差异及动态效应分析》，《统计与决策》2009 年第 9 期。

③ Ruskin J.，Arts & Economics，*Analysis & Cultural Policy*，1871.

④ Throsby David，The Production and Consumption of the Arts：A View of Cultural Economics，*Journal of Economic Literature*，1994（2）：1 – 29.

⑤ Nicholas Garnham，*Arguments about the Media and Social Theory*，Prentice Hall，1983（9）：173.

⑥ 参见韩海燕《中国城镇居民文化消费问题实证研究》，《中国流通经济》2012 年第 6 期。

张梅芬、孙丽萍、朱海燕（2010）[①] 对曲靖市城镇居民文化消费水平进行了一般分析、总量测算和比较分析，认为近年曲靖市城镇居民文化消费总额提高，但占总消费比重偏低，文化消费结构比较单一，全市各地人均文化消费支出不平衡，与省内其他州市相比优势不明显。鲁婧颉（2010）[②] 研究了近年来我国城乡文教娱乐的增长情况，并对我国城乡居民文教娱乐总体的边际消费倾向和收入弹性进行了测算。结果表明，我国居民文教娱乐边际消费总体呈上升趋势，城乡居民文教娱乐消费的收入弹性不断增大，居民对文教娱乐消费需求的增长速度大于收入的增长速度。

四 文化消费影响因素

（一）文化消费影响因素的构成

（1）影响文化消费的个体与群体特征。

部分学者从个体角度考察了文化消费需求的影响因素。从消费者个人来看，影响其文化消费的因素包括收入水平、受教育程度即文化水平、消费时间甚至职业、年龄、性别、婚姻状况等，这些因素均会影响其文化消费的总量、层次和具体内容。如雷五明（1993）[③] 对消费者的基本情况与文化消费水平进行分析，发现影响文化消费的变量由强到弱依次是收入、职业、婚姻状况、

① 参见张梅芬、孙丽萍、朱海燕《曲靖市城镇居民文化消费实证分析》，《曲靖师范学院学报》2010 年第 5 期。

② 参见鲁婧颉《转型时期居民文教娱乐消费的收入弹性分析》，《产业经济评论》2010 年第 1 期。

③ 参见雷五明《九十年代城市文化消费的特点及其影响因素的调查》，《消费经济》1993 年第 3 期。

年龄、文化程度、性别。米银俊（2002）[1] 等人认为文化水平、消费水平、消费时间、消费方式等是影响文化消费需求的主要因素。其中以消费水平的影响最大，个人文化消费需求与个人消费水平成正比例关系；文化水平对个人文化消费需求也起着很大的影响作用；一个国家的文明程度高，居民的文化水平高，其居民的文化消费需求也就高；消费时间即消费者的闲暇时间对消费者的文化消费需求也是一个重要的制约因素，居民消费时间的增加会直接导致个人文化消费需求的增大。Takwing Chan，John H. Goldthorpe（2006）[2] 使用多变量 logistic 模型分析影响各消费类型中的各种因素，指出收入水平对文化消费有较大影响。Gonzalvo P. S.，Lopez - Sintas J.，Garcia - Alvarez E.（2002）[3] 认为年龄、性别、教育水平对文化产品的消费具有重要影响。陈汉圣、武志刚（1996）[4] 选择家庭全年纯收入、家庭人口结构、家庭主要劳动力文化程度、家庭主要劳动力年龄这四个指标与文化消费做相关分析，发现他们都与农户消费支出存在相关关系，其中家庭全年纯收入对文化消费影响较大。梁君（2009）[5] 认为闲暇是文化消费的基本条件之一。人们所拥有闲暇时间的多少也就直接影响着文化产品与服务需求的数量。

---

① 参见米银俊、王守忠、孙浩《浅析〈资本论〉中的文化消费》，《地质技术经济管理》2002 年第 3 期。

② Takwing Chan，John H. Goldthorpe，Social Stratification and Cultural Consumption：Music in England，*European Sociological Review*，2006（23）.

③ Gonzalvo P. S.，Lopez - Sintas J.，Garcia - Alvarez E.，Socialization Patterns of Successors in First to Second - Generation Family Businesses，*Family Business Review*，2002，15（3）：189 - 203.

④ 参见陈汉圣、武志刚、左熠《农村文化消费：现状特征及计量分析》，《经济研究参考》1996 年第 4 期。

⑤ 参见梁君、顾江《农村文化消费：动因、问题与对策——以江苏省为例》，《消费经济》2009 年第 4 期。

国外部分学者专门考察了社会阶层差异对文化消费选择的影响。Bihagen（1999）[①] 利用瑞典家庭支出数据分析不同收入阶层消费支出的不同，发现高收入阶层消费的目的多在于维系自己的经济和社会地位；Katz（2005）[②] 利用结构等效的方法将以色列相近的家庭消费模式作为分层指标，并在与收入比较后，发现两者的结果可以互为验证；Aydin（2006）[③] 利用土耳其国家统计部门提供的数据，分析了经济社会因素对消费模式、品位以及生活方式的影响，发现社会分层变量，如收入、教育、职业等因素决定了他们的消费模式以及生活方式。

Tally Katz – Gerro（2002）[④] 实证分析了意大利、瑞士、德国、以色列和美国等国家中阶层地位对高端文化消费（在休闲活动和文化品位方面）的影响，研究结果发现在不同的国家中，阶层与高端文化消费的关系是存在差异的。在以色列、美国和瑞士，高端文化消费仅存在于高端阶层。而意大利和德国则有所不同，性别、种族和宗教习惯在高端文化消费中发挥了非常重要的作用，但是阶层和文化品位之间也并非毫无联系。Erik Bihagen 和 Tally Katz – Gerro（2005）[⑤] 选取高端休闲活动与低端电视偏好作为文化消费的两类模式对瑞典进行了考察，研究发现性别在文化消费模

① Bihagen E.，How Do Classes Make Use of Their Incomes? A Test of Two Hypotheses Concerning Class and Consumption on a Swedish Data – set from 1992，*Social Indicators Research*，1999，47（2）：119 – 151.

② Katz T. G.，Talmud I.，Structural Analysis of a Consumption – based Stratification Indicator：Relational Proximity of Household Expenditures，*Social Indicators Research*，2005，73（1）：109 – 132.

③ Aydin K.，Social Stratification and Consumption Patterns in Turkey，*Social Indicators Research*，2006，75（3）：463 – 501.

④ Tally Katz – Gerro，Highbrow Cultural Consumption and Class Distinction in Italy，Israel，West Germany，Sweden，and the United States，*Oxford Journals*，2002（1）：207 – 229.

⑤ Erik Bihagen，Tally Katz – Gerro，Culture Consumption in Sweden：The Stability of Gender Differences，*Poetics*，2000（5）：327 – 349.

式的形成中发挥了显著性作用，且不受教育、职业、年龄、家庭地位、城市特征和收入的影响。女人比男人在高端文化消费中更活跃。

Tak Wing Chan，John H. Goldthorpe（2007）[①] 利用数据对社会分层和文化消费的关系进行实证分析，发现音乐消费与地位、受教育程度的相关程度明显高于阶层。Katz－Gerro（1999）[②] 分析了当代美国文化消费的偏好问题，发现影响文化偏好消费的主要因素有种族、性别、教育程度和年龄。Aoyama（2007）[③] 以西班牙弗拉曼柯舞为例分析了消费和全球化对文化产业的影响。Pau Rausell Koster（1998）[④] 从意识形态的角度研究了文化消费与偏好变动的关系，认为观念等意识形态因素是影响文化消费的重要因素。周方平（1990）[⑤] 认为收入增加后，人们在满足基本生活需要之后，会把增加的收入用于更高层次的文化消费。

（二）区域文化消费水平的影响因素

仝如琼、王永贵（2010）[⑥] 从近年我国城镇居民的文化消费现状出发，结合相关统计数据，运用相关分析等方法，对文化消费的

① Tak Wing Chan & John H. Goldthorpe，Social Stratification and Cultural Consumption：Music in England，*Oxford Journals*，2007（1）：1－19.

② Tally Katz－Gerro，Cultural Consumption and Social Stratification：Leisure Activities，Musical Tastes，and Social Location，*Sociological Perspectives*，1999，42（4）：627 － 646.

③ Yuko Aoyama，The Role of Consumption and Globalization in a Cultural Industry：The Case of Flamenco，*Geoforum*，2007（38）：103－113.

④ Pau Rausell Koster，Tests of Endogenous Growth Models，*Quarterly Journal of Economics*，1998（2）：495－525.

⑤ 参见周方平《我国居民文化消费的发展趋势及其对策》，《消费经济》1990 年第 5 期。

⑥ 参见仝如琼、王永贵《城镇居民文化消费与文化产业发展》，《商业研究》2010 年第 3 期。

关键影响因素进行了识别。邹晓东（2007）[①] 以上海市为例指出收入水平、受教育程度和投资水平三个主要因素分别从消费能力、消费意愿和消费机会方面影响上海地区居民文化消费的发展。付雪静（2007）[②] 认为家庭文化消费与文化水平有关。其他从事微观领域研究的学者也证实了这一观点。农村家庭文化程度与文化消费水平间没有显著关系，但在城镇文化程度与消费水平间关系明显。而在消费结构方面则正好相反，城镇居民文化消费结构与其文化程度间关系不明显，但农村则高度相关。赵东坡（2009）[③] 认为我国文化消费增长的制约因素主要有我国居民的文化素质水平比较低、文化消费观念落后、文化产品价格过高、文化产业经营方式老旧等；赵书华、王华强（2008）[④] 用灰色关联分析的方法分析了影响北京文化产业发展的因素，并指出影响北京文化消费的最终要素为人均生产总值和人均可支配收入。茅中飞（2009）[⑤] 用回归模型分析了江苏省城镇居民的文化消费中三个组成部分的变化特征及各自的决定因素。陆立新（2009）[⑥] 用动态面板数据模型对中国农村居民文化消费影响因素的区域差异及动态效应进行了研究。姚刚、赵石磊（2008）[⑦] 利用面板数据的弹性模型对中国城镇居民文化消费进行

① 参见邹晓东《“十五”期间上海市文化消费变动因素研究》，《上海经济研究》2007年第6期。

② 参见付雪静《小城镇不同居民群体家庭文化消费的差异性研究》，硕士学位论文，华中农业大学，2007年。

③ 参见赵东坡《当前我国文化消费的特征及发展趋势》，《商业时代》2009年第10期。

④ 参见赵书华、王华强《北京文化产业发展影响因素的灰色关联分析》，《经济论坛》2008年第9期。

⑤ 参见茅中飞《江苏省城镇居民文化消费的实证研究》，《江苏商论》2009年第11期。

⑥ 参见陆立新《农村居民文化消费影响因素的区域差异及动态效应分析》，《统计与决策》2009年第9期。

⑦ 参见姚刚、赵石磊《中国城镇居民文化消费的实证研究》，《黑龙江社会科学》2008年第1期。

实证研究，发现在收入达到1000美元后，文化消费中文娱耐用消费品消费和文娱服务消费的比例呈反向变化，并认为这是文化消费在总消费中的比例呈现波浪变化趋势的原因。赵卫亚（2005）[①] 利用面板数据模型分析了中国城镇居民文化消费的地区差异。贾传亮（2004）[②] 利用扩展的线性支出系数需求函数和回归分析研究了居民的文化消费意愿以及影响因素。张沁（2004）[③] 分析了我国文化消费的现状及可持续发展面临的问题、文化消费可持续发展的可能性、文化消费可持续发展的政策选择等问题。冯义涛、邹晓东（2000）[④] 利用20世纪90年代上海市民收入增长和文化消费发展的历史数据分析发现，随着上海市民收入的不断提高，上海市民的文化消费发展呈现繁荣的景象，固有的文化消费结构也产生了相应的变化，认为投资对文化消费具有重要影响，为此必须加大对文化的投资，以促进文化消费的供给。也有学者从供给方面对影响文化消费的因素进行了研究，李惠芬（2010）[⑤] 指出，在消费能力和消费意愿既定的情况下，文化消费的发展主要取决于供给。

邹晓东（2007）[⑥] 研究发现年龄教育和收入对文化产品的消费存在着主效应，而且收入还与其他因素之间存在着交互作用，且各因素对文化产品的消费并不存在交互作用，在文化消费的自发效应分析中，发现除了年龄因素外，教育职位和收入因素产生的效应都为负向，这说明从整体上而言，上海的文化消费产业仍处于较低的

---

① 参见赵卫亚《中国城镇居民文教消费的地区差异分析》，《统计研究》2005年第1期。

② 参见贾传亮《山东省城镇居民文化消费分析》，《商业研究》2004年第4期。

③ 参见张沁《文化消费可持续发展》，《信息导刊》2004年第16期。

④ 参见冯义涛、邹晓东《上海市民收入变化对文化消费发展的影响》，《上海经济研究》2000年第11期。

⑤ 参见李惠芬《南京城镇居民文化消费研究》，《江苏商论》2010年第2期。

⑥ 参见邹晓东《“十五”期间上海市文化消费变动因素研究》，《上海经济研究》2007年第6期。

发展层面。这表明在为上海城镇居民提供文化消费产品时需要在考虑收入水平的前提条件下，再结合年龄、教育、职位各因素下的实际消费现状，以提供相应差序的文化消费产品，因此文化活动的消费应以综合差序的消费模式为主。陈燕武、夏天（2006）① 通过建立面板数据模型研究了我国农村居民文化消费的区域性差异。研究结果发现，我国东部农村居民的文化消费存在消费一致性现象，收入是影响其文化消费最重要的因素，而中西部地区各省际间的农村居民文化消费存在显著的个体差异性，传统的消费影响因素对中西部地区农村居民的文化消费作用不明显。程静（2012）② 对我国居民的文化消费现状进行了总结，指出目前我国居民文化消费的发展速度滞后于消费总体的增长速度，居民的文化消费存在显著的区域差异性，文化消费方式、价格结构和政府投入对文化消费有显著的正向作用。

刘洁等（2012）③ 通过建立面板数据模型对江苏省 13 个地区城市居民文化消费的影响因素进行了实证分析，结果显示，前期文化消费和居民可支配收入均对当期文化消费有正向促进作用，但影响程度存在区域差异性。关于文化消费影响因素的研究：陆立新（2009）④ 通过建立动态面板数据模型研究我国农村居民文化消费的影响因素时发现当期和滞后 1 期的居民可支配收入均对

---

① 参见陈燕武、夏天《中国农村居民文教娱乐消费区域性差异分析——基于中国省际面板数据的研究》，《经济问题探索》2006 年第 9 期。

② 参见程静《居民文化消费现状及发展对策》，《特区经济》2012 年第 5 期。

③ 参见刘洁、陈海波、肖明珍《基于 Panel－Data 模型的江苏城市居民文化消费的实证研究》，《江苏商论》2012 年第 4 期。

④ 参见陆立新《农村居民文化消费影响因素的区域差异及动态效应分析》，《统计与决策》2009 年第 9 期。

当期文化消费有明显作用，且存在明显的区域差异。孟华(2012)[①] 在研究上海城镇居民文化消费影响因素时发现，居民的受教育程度与文化消费存在显著的正相关关系，且不同教育背景下的居民对文化消费产品的选择有很大的差异性。王俊杰(2012)[②] 利用河南省各地区 2000—2009 年的统计数据建立了面板数据模型，对不同地区农村文化消费影响因素的差异性进行了研究，分析结果显示高收入地区的文化消费受收入和价格的影响较大，而中低收入地区则对前期文化消费水平反应更敏感。李杏等（2013)[③] 在研究江苏省文化消费影响因素时，选用了江苏省文化艺术和文化事业从业人员总数作为文化产业供给的指标来探讨文化产业的供给与文化消费的关系。陈雷、张莹（2013)[④] 通过对我国城镇居民文化消费现状进行分析，发现文化消费支出总量不断上升，但在消费结构中所占比例依然很低，区域发展不均衡问题仍很突出，文化消费结构单一，教育消费占了文化消费的过大比重，储蓄投资对文化消费产生挤出效应。李宝杨（2013)[⑤] 基于预防性储蓄理论并采用浙江省 1997 — 2011 年的宏观数据对城乡居民文化消费水平进行了研究，发现城乡文化消费均受到收入不确定性和支出不确定性的影响，敏感性程度不同，同时指出

---

① 参见孟华、李义敏《上海城镇居民文化消费的影响因素研究》，《预测》2012 年第 2 期。

② 参见王俊杰《基于面板数据的河南农村文化消费地区差异研究》，《经济地理》2012 年第 1 期。

③ 参见李杏、章孺《文化消费影响因素的实证研究——以江苏为例》，《南京财经大学学报》2013 年第 4 期。

④ 参见陈雷、张莹《城镇文化消费的现状及影响因素分析》，《西安财经学院学报》2013 年第 1 期。

⑤ 参见李宝杨、熊秀兰、俞京京《浙江省城乡居民文化消费差异分析》，《浙江金融》2013 年第 5 期。

居民的文化程度、社会保障制度、文化产品供给和新技术等都是影响文化消费差异的因素。鲁虹、李晓庆（2013）[①] 基于上海市 1996 — 2012 年的统计数据，运用协整理论和误差修正模型研究了上海市城镇居民文化消费的影响因素。

五　文化消费的促进路径研究

部分学者基于对文化消费的影响因素的研究，提出了促进文化消费的对策建议。Moya Kneafsey（2001）[②] 考察了哥伦比亚的文化消费状况，发现哥伦比亚受收入局限，文化消费能力很薄弱，认为可以通过提供更适合市场的产品来改善，比如口袋书或者适合大众市场的音乐收藏版本。张晓明（2006）[③] 从制度层面对文化消费需求进行了解读，认为中国居民文化消费支出比较低，是由于公共服务体系不到位，挤压了文化消费或者抑制了文化消费支出，完善教育、医疗方面的公共服务体系，将会释放出一些文化消费。钱光培（2001）[④] 认为任何产品与服务，只要进入市场，就必须按市场经济规律办事、文化产品也要按需求来进行生产，要讲投入与产出比例。一方面，面对越来越庞大的文化消费群体和多样化的消费需求，“政府包办文化”已不现实，国家财政不可能完全支撑和满足多亿人的文化消费需求。另一方面，“公款消费文化”掩盖了消费

① 参见鲁虹、李晓庆《上海市城镇居民文化消费影响因素实证研究》，《消费经济》2013 年第 6 期。

② Moya Kneafsey, Rural Cultural Economy Tourism and Social Relations, *UK Annals of Tourism Research*, 2001 (3): 762 -783.

③ 参见张晓明《“十一五”文化产业发展五大趋势》，《发展》2006 年第 4 期。

④ 参见钱光培《我国人民群众精神文化需求及精神文化产品生产现状、特点、规律与对策研究》，《北京社会科学》2001 年第 2 期。

者的文化需求真实性，同时也扰乱了文化市场秩序，不利于文化市场的形成。

六　对文化消费研究的评价

国内的文化消费研究存在一些不足，表现在以下几个方面。

首先，从研究视角上看，现有研究大部分运用既有经验或理论，对消费行为概况进行描述，且仅做一般性概括，未能深入探讨文化消费与以上相关因素间的影响关系大小，并缺乏定量分析方法的应用，结论很少有实证支持。有些研究也尝试采用实证方法，但多数还停留在列举数据阶段，研究结论更多地停留在经验层次，难以上升到一定理论高度，对实践的指导意义有限。

其次，从研究层次来看，学者对文化消费的探讨大多仅从个人角度做分析，也较少跳出消费的界限，从更宏观的社会发展与社会现代化角度来分析，没能将文化消费与其他社会事实、社会过程和社会关系相联系进行系统挖掘和分析。

最后，从研究对象上看，有的学者对城市居民文化消费进行研究，有的将农村居民的文化消费作为研究对象，也有的将特定地区作为研究对象，但尚未有学者从中观层次对国内各区域的文化消费进行整体考察。但是要推动文化产业发展，拉动文化消费需求，需要从区域差异的视角分析不同区域文化消费的影响因素以及未来发展趋势，因此开展本项研究迫在眉睫，具有较为重要的理论和现实意义。

第三节　研究方法与技术路线

一　研究方法

（1）比较研究法。比较研究法就是对物与物之间和人与人之间的相似性或相异程度进行研究与判断的方法。比较研究法可以理解为是根据一定的标准，对两个或两个以上有联系的事物进行考察，寻找其异同，探求普遍规律与特殊规律的方法。本书采用比较研究法对不同区域文化消费偏好、不同群体的文化消费倾向进行比较分析，从中总结探索文化消费需求的变化规律、发现区域特征。

（2）案例分析方法。案例分析方法是指对某一个体、某一群体或某一组织在较长时间里连续进行调查，从而研究其行为发展变化的全过程，这种研究方法也称为案例研究法。本书将选取有代表性的城市对其居民文化消费现状进行描述，从中提炼出不同类型城市应该采取的政策导向。

（3）数据统计分析。本书主要采集统计年鉴有关数据对不同区域间文化消费差异以及文化消费差异产生的因素进行验证分析。采用泰尔系数方法测算区域组间与组内文化消费差距，分析其变化趋势。采用聚类方法，对 31 个省市进行系统聚类分析，对各省市文化消费的模式进行类别划分。

（4）经济计量方法。在前人研究基础上进一步分析区域文化消费差距产生的内在机制，基于此提出影响区域文化消费差距的理论假设，并构建以地区文化消费为自变量，地区经济、教育发展水平等因素为解释变量的计量模型。最后利用各地区统计年鉴数据对模型参数进行估计，验证了此前的理论假设。

二　研究思路与技术路线

（1）研究思路。文化消费对于文化产业发展具有重要的意义和作用。本书首先对我国文化消费的区际差异现状进行分析，并在前人研究基础上对影响区域文化消费的因素进行概括归纳，分析其内在生成机理。利用统计数据构建模型并分析验证文化消费区际差异产生的影响因素。利用现有数据对我国文化消费的区际特征进行分析，按照特定标准进行类别划分，并选取特定地区文化消费状况进行案例分析。依据我国文化发展的现实，探讨制定推动文化消费、拉动文化需求的激励方案。第一章为导论，介绍研究背景与意义；第二章为文献综述；第三章讨论了研究的相关概念与理论基础；第四章探讨了我国文化消费的现状与区域差异。

（2）技术路线（见图1-1）。

第四节　主要特点

第一，构建影响区域文化消费水平的解释模型，利用统计数据进行验证。

在前人对群体消费需求分析的基础上，从中观层次提出区域文化消费需求的影响因素及其作用机理，认为收入水平、教育发展程度、公共文化基础设施以及区域文化特征是对区域文化消费水平发挥作用的主要因素，这些因素间通过不同的渠道对文化消费产生影响。在理论分析基础上，本研究提出了理论假设，构建了区域文化

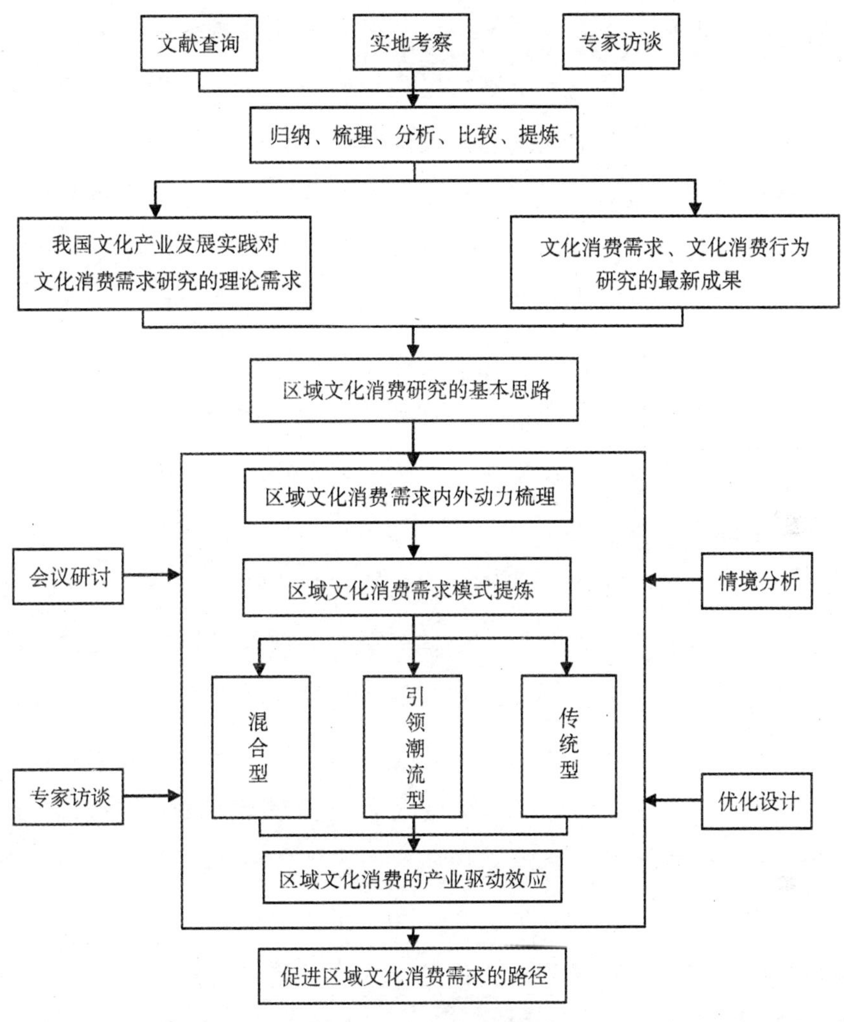

图 1－1 技术路线图

消费水平的决定模型。模型的自变量为区域文化消费水平，解释变量包括经济发展水平、教育水平和区域文化特征等。由于考虑到农村地区教育水平、公共文化基础设施等因素的同质性特征，本项研究仅选取了 2004—2012 年我国大陆地区 31 个省、市、自治区城市居民的相关数据，利用 EVIEWS 软件对面板数据进行了分析测算，估计了模型的参数。计算结果基本验证了此前的理论假设，包括区域居民收入水平、教育发展水平以及区域的地域特征等区域文化消费水平的影响因素通过了显著性检验，但公共文化基础设施建设未能通过显著性检验，说明此前的理论假设存在一些问题或者指标选取方面存在不恰当的情况。但模型基本能够对区域文化消费的形成机理进行基本解释，此前的理论分析基本可靠。

第二，提出区域文化消费模式类别标准，在此基础上对各省市进行类别划分，为制定差异化的文化消费激励政策提供了依据。

本书首先对区域文化消费水平与结构形成机理进行了探讨，认为区域的约束条件对区域文化消费的模式会产生决定性影响。在理论分析基础上，本书提出了区域文化消费的分类标准，认为对区域文化消费模式进行分类应该依据文化消费特点以及区域教育、经济发展程度和地区文化偏好进行综合判断，目前我国区域文化消费模式大体上可以划分为先导型、均衡型和滞后型等类别。本书利用区域教育水平、经济发展程度以及文化消费数据采用聚类分析方法尝试对我国 31 个省、市、自治区的文化消费模式进行了类别划分，发现北京、上海为同一类，可归为先导型，沿海的江、浙、闽、粤等省市为一类，中部地区省份为一类。虽然方法稍显粗糙，结论还不尽可靠，但仍具现实和理论价值，为制定差异化的文化发展引导政策提供了理论与现实依据。

第三，在考察了相对发达地区文化消费市场培育的成功经验基础上，设计了推动不同区域刺激文化消费的激励方案。

本书在理论与实证分析的基础上，对影响地方文化消费的规模与结构的诸多因素进行了归纳和梳理，并对发达国家和先进地区刺激文化消费的成功经验进行了概括。在此基础上，本书系统地设计了不同类型和层次的文化消费水平的激励和结构优化的方案，认为文化消费的刺激需从政府职能和市场运作两方面着力，发挥市场在资源配置中的决定性作用和政府的导向性作用。一方面政府需要加大公共文化事业的投入，完善公共设施，不断提升市场监管能力；另一方面需要激发文化企业微观主体的竞争力，为消费者提供多元化多层次的文化产品和服务，满足消费者需求，从而拉动文化产业的快速发展。

第二章

基本概念与理论基础

本章着重对本书涉及的几个核心概念，如文化以及文化消费等进行阐述，并对本书研究依据的有关理论进行描述。

第一节　相关概念

一　文化

文化是一个非常复杂的概念，有广义和狭义的区别，具有多样性和复杂性的特点。英国文化学者泰勒（1871）[①] 在《原始文化》一书中，将文化定义为一个复杂的总体，认为文化包括知识、信仰、艺术、道德、法律、风俗，以及人类在社会里所得一切的能力与习惯 。这是关于文化狭义概念的经典定义，即文化是包括知识、信仰、艺术、道德、法律、习俗和任何人作为一名社会成员而获得的能力和习惯在内的复杂整体。鉴于文化的复杂性，很难对“文化”给出一个准确清晰的分类标准，只能从某一个角度来分析界

① 参见［英］泰勒《原始文化》，连树声译，上海文艺出版社 1992 年版。

定。本书所讲的“文化”是满足人们精神需求的特定产品或服务。

二　文化产业

2003年9月，中国文化部制定下发的《关于支持和促进文化产业发展的若干意见》，将文化产业界定为：“从事文化产品生产和提供文化服务的经营性行业。文化产业是与文化事业相对应的概念，两者都是社会主义文化建设的重要组成部分。文化产业是社会生产力发展的必然产物，是随着中国社会主义市场经济的逐步完善和现代生产方式的不断进步而发展起来的新兴产业。”2004年，国家统计局对“文化及相关产业”的界定是：为社会公众提供文化娱乐产品和服务的活动，以及与这些活动有关联的活动的集合。所以，中国对文化产业的界定是文化娱乐的集合，区别于国家具有意识形态性的文化事业。尽管世界各国对文化产业从不同角度进行了不同的定义，但文化产品的精神性、娱乐性等基本特征不变，因此，可以说文化产业是指具有精神性、娱乐性的文化产品的生产、流通、消费活动[①]。

文化产业基本上可以划分为三类：一是生产与销售以相对独立的物态形式呈现的文化产品的行业（如生产与销售图书、报纸、影视、音像制品等的行业）；二是以劳务形式出现的文化服务行业（如戏剧舞蹈的演出、体育、娱乐、策划、经纪业等）；三是向其他商品和行业提供文化附加值的行业（如装潢、装饰、形象设计、文化旅游等）。

---

① 本书所引用的《文化产业振兴规划》均来自新华社全文刊发的文件，详情请见政府网 http：//www. gov. cn/jrzg/2009 -09/26/content_ 1427394. htm。

文化产业统计指标体系不仅是一个统计工具，某种意义上也反映了文化产业政策，它带有很强的导向性。我国在2004年曾发布过文化产业统计分类指标体系，但随着文化产业的发展，该体系的局限越来越突出了。为此，国家统计局发布了《文化及相关产业分类2012》，进一步完善和健全文化产业指标统计分类体系。本分类规定的文化及相关产业是指为社会公众提供文化产品和文化相关产品的生产活动的集合①。

基于这个体系的精神，可以看出文化产业是以生产和提供精神产品为主要活动，以满足人们的文化需要作为目标，是指文化意义本身的创作与销售，狭义上包括文学艺术创作、音乐创作、摄影、舞蹈、工业设计与建筑设计。

根据以上定义，我国文化及相关产业的范围包括：（1）以文化为核心内容，为直接满足人们的精神需要而进行的创作、制造、传播、展示等文化产品（包括货物和服务）的生产活动；（2）为实现文化产品生产所必需的辅助生产活动；（3）作为文化产品实物载体或制作（使用、传播、展示）工具的文化用品的生产活动（包括制造和销售）；（4）为实现文化产品生产所需专用设备的生产活动（包括制造和销售）。

三　文化消费

很多学者对文化消费的概念进行了深入研究，下了很多定义。学者一般把文化消费划分为文化产品消费和文化服务消费两大类。文化产品消费是指对科技作品、文艺作品、音像作品、影视片、各

① 参见尹世杰《消费经济学》，高等教育出版社2003年版。

种出版物等物质形态消费品的消费；文化服务消费是指如教育培训、艺术表演、互联网、导游以及各种娱乐场所等提供的服务形态消费。

文化消费并不是一种简单的消费行为，而是一种特定的物质形态与价值形态的消费行为。首先，文化消费是居民生活中的一种实际行为，可以是一种实实在在的物质或商品消费。其次，作为特定价值消费的文化消费并不一定是实体的消费，也可以是对符号性商品和情感、信息或理性认知的消费。人们通过这种消费，提升认知能力或认知水平，满足情感和心理需求，精神上感觉非常愉悦。目前物质形态的文化消费仍然在文化消费中占有相当大的比例[①]。与其他类型的消费相比，文化消费还具备自身固有的消费特性，诸如消费场所的典雅细致性、消费群体的高层次性、消费品的高价值性等。文化消费深深地影响着一个国家的国民素质，对本国经济发展有着带动作用。

还有学者对文化消费的范围以及内容进行规定："文化消费在最广泛的意义上包括人类社会的活动及其物质和精神产品的总和，是指对精神文化类产品及精神文化性劳务的占有、欣赏、享受和使用等。文化消费从地域范围讲既包括本地、本民族、本文化体系（如东方文化）的文化产品和劳务，又包括世界范围的、外民族的、其他文化体系（如西方文化）的文化产品及劳务。具体内容包括：文化教育、绘画、雕塑、书法、影视、戏剧、音乐、舞蹈、杂技及手工艺品，以及烹饪、中医保健、文物、出版、音像、休闲、娱乐等，广义的还包括健身、体育表演和赛事观赏等。"[②]

不管是对于经济发展还是国民素质的提高，文化消费都发挥着

① 参见邱羚《我国文化消费的理论与实证研究》，《商业时代》2011 年第 36 期。

② 参见葛红兵、谢尚发《文化消费：文化产业振兴的根本问题——兼评 2009 年上海文化消费状况》，《科学发展》2009 年第 12 期。

自身的作用，是衡量居民生活品质的重要指标，有利于推进区域文化建设、增强文化竞争力，文化消费可以促进经济的发展和良性循环，文化消费状况是社会群体区分的重要标志之一。

综合以上分析我们认为，文化消费是指人们在经济条件宽裕以及具备闲暇时间的条件下，为了获取知识、陶冶身心、娱乐自我等而对物质形态的文化产品和劳务形态的文化服务进行的一种消费行为。

有学者在此基础上对文化消费类型进行了更为具体的划分。付雪静将其划分为文化产品消费和文化服务消费。文化产品消费包括：A. 文化用品消费。如传统的笔墨纸砚等文化工具以及体育健身用具等消费。B. 书报消费。如订阅购买报纸、书籍等印刷品方面的消费。C. 音像消费。各种音像器材及制品方面的消费。D. 电子信息消费。如电脑及各种附件、软件方面的消费。E. 工艺品消费。如各种收藏品、装饰品、工艺品等消费。文化服务消费包括：A. 教育消费。如各种教育、学习和培训等消费。B. 网络消费。如上网。C. 旅游消费。如游览观光、参观考察等消费。D. 娱乐消费。如观看艺术表演，收听收看广播电视，上公园、娱乐厅等各种消遣活动等方面的消费。E. 其他文化服务消费。

按文化消费的形式与方法来划分，文化消费可分为个人文化消费和社会公共文化消费（按消费形式分）；被动型文化消费和主动型文化消费（按消费方法分）。其中，社会文化消费是在消费者家庭以外，消费者集中在特定的时间、地点共同进行的消费活动；个人文化消费是在消费者家庭范围内进行的消费活动。被动型文化消费，是指消费者只是作为观赏者或欣赏者，通过外部的声音、图像、文字和符号作用于自己的感官，达到精神消费的目的；主动型文化消费，是指消费者直接参与文化娱乐活动，并在其中扮演一定的角色的文化消费。

四　文化消费需求

文化消费需求是指消费者在既定的收入和价格条件下对文化产品的需求量。文化消费需求包括两个方面，即文化消费需求规模和文化消费结构。文化消费需求规模指对文化产品需求的总量。文化消费结构是指消费者在文化消费过程中所形成的各类消费资料数量上的构成关系，在本研究中主要指文化产品消费和文化服务消费两类的比例，以及各项文化消费项目之间的比例。一般来说，消费结构合理并处于变动之中，消费水平通常较高，消费结构失调并处于非良性变动之中，消费水平一般较低。因此，消费水平的高低还可以从消费结构及其变化趋势上反映出来①。

五　文化消费意愿

文化消费意愿是指居民对文化产品和服务的需求程度。文化消费意愿是现实的文化消费需求的基础，文化消费意愿只有在收入水平以及闲暇时间允许的情况下，才能转化为现实的文化消费需求。

六　文化生活方式

文化生活方式是特定群体或区域的文化消费行为的集合，主要包括人均拥有的闲暇时间量、闲暇时间活动选择种类、人均每年旅

① 参见付雪静《小城镇不同居民群体家庭文化消费的差异性研究——对鄂西北襄樊市的调查》，硕士学位论文，华中农业大学，2007 年。

游消费支出及旅游次数、社会交往规范和范围、业余爱好团体的发展等。文化消费必须通过特定的方式来实现，没有恰当的有效的实现方式，任何文化消费都无从谈起。由于文化消费从本质上来说属于一种非生存性消费，它是在满足了基本的物质消费基础上产生的，因此，为了从事文化消费就必须拥有一定的闲暇时间。可供自己支配的闲暇时间越多，文化消费的选择余地就越大。在闲暇时间中，人们可以自由地选择文化消费的方式，培养自身的业余爱好和兴趣，进行有益的社会交往和旅游，提升自身的艺术品位和生活格调，进而充实文化生活和提高文化生活的质量。文化生活方式是由一系列的文化消费行为构成的。

七　文化生活质量

文化生活质量的内容应该包括居民文化的消费水平与结构状况，人们的文化方式的合理化构成以及文化生活质量供求程度，群众对文化生活的需求和感受状况等。也就是说，文化生活质量的主体要素主要由文化生活消费水平、文化消费结构、文化生活方式、文化生活感受四个方面组成。文化生活质量的判断，不仅要受到客观的文化消费内容和文化消费方式的影响，而且还与消费者自身对文化消费的主观评价有直接关系。一个人对文化消费的状况是否满意以及满意程度如何，也会影响自身文化生活的质量。在现实中，即使人们同时参与了某些文化消费活动，但对其结果的评价也可能大不相同，这在许多情况下是受到了消费者主观因素的影响。由于每个人的兴趣爱好、知识背景、价值理念的不同，人们的主观评价也就会出现差异。但不管在具体评价标准和结论上存在多大差别，有一点是共同的，就是人们都想通过文化消费使自己感到快乐。这种内在的要求也进一步提示我们在推动文化消费的过程中，要十分关注人们文化消费的心理感受，尽可能地满足每一个消费对象的主观要求。只有这样，才能更好地提高文化生活质量。个人文化生活质量主要包括对个人文娱生活的满足程度、对生活价值和幸福标准的认定、对社会风气的评价、对社会文明程度的评估等。

文化生活质量的提高，还受到多种因素的影响，除了社会的经济、政治因素之外，最直接的影响就是文化因素本身。直接的文化因素主要包括公共文化设施、文化产业的发展程度以及社会文化环境和氛围。公共文化设施是指一个城市或区域内拥有的诸如剧院、音乐厅、电影院、博物馆、图书馆等。一个区域，尤其是一座城市，就其功能而言，不但需要有现代化的基础设施和服务功能，而且需要有现代化的文化设施和文化功能。现代文化设施和文化功能已经成为现代化国际大都市的重要标志。

第二节　理论基础

一　消费理论

（一）消费行为理论

消费经济学重点在于分析考察个体和社会的消费活动。对社会消费活动采用总量分析方法，主要考察社会和国家的消费活动、总消费的增减、社会消费结构等问题；对个体消费活动考察一般采用个案分析方法研究单个家庭和个人的消费活动、消费支出增减、消费结构变化等问题。这两个方面存在交叉和重叠，其基本内容包括五大方面。

（1）消费函数。西方消费经济学者们认为消费是收入的函数，影响消费者需求的主要因素是收入。

（2）消费需求。依据分析方法的差异可以把现代消费需求理论分为两派：一派以无差异曲线消费可能性分析为手段，研究当商品自身价格或其他商品价格以及消费者收入变化时，消费均衡点的移动变化过程，并据此概括消费者行为的理论；另一派以显示偏好理论为基础，通过考察消费者市场行为，确定人们对各种商品组合的偏好顺序，在此基础上建立消费者行为理论。

（3）消费结构。消费结构也称消费构成，是指各类消费支出占消费总支出的比例。根据考察的范围不同，可以将其分为微观消费结构和宏观消费结构。前者是指消费者个人或家庭的消费结构，后者是指整个社会的消费结构。

（4）消费水平。一般认为，消费水平是指居民的消费所达到的并且能维持的一种状态。影响社会消费水平的高低或升降的因素包括收入的变动、物价的变化以及各种公共服务和福利因素等。

（5）消费趋势。当代西方经济学关于社会消费趋势的研究，大体上可分为两部分：一部分是对发达国家的社会消费趋势的研究，另一部分是对发展中国家的社会消费趋势的研究。

本书将借助上述理论对文化消费行为进行考察分析，进一步研究影响文化消费行为的主要因素，以及造成不同区域文化消费水平和结构差异的主导因素，并对未来文化消费行为的变化进行预测分析[①]。

（二）文化产品供求理论

经济学者对影响文化产品供给与需求的因素有很多共识性认

① 参见尹世杰《消费经济学》，高等教育出版社2003年版。

知。文化消费需求量，随居民收入增加而递增，随居民收入递减而减少。在市场经济环境下，居民收入水平是影响文化消费需求的基本要素。居民收入水平决定着居民的文化消费能力，当人们具备了文化消费能力之后才可能产生与之相适应的文化消费需求，并可能实现这一需求使之成为实际消费活动。在其他因素不变的条件下，居民收入越高，对文化消费品和服务的需求量越多；反之，居民收入越低，对文化消费的需求量越少，二者存在正相关系。

文化消费需求量，随闲暇时间加长而递增，随闲暇时间缩短而递减。在现代市场经济背景下，居民闲暇时间的长短是影响文化消费需求的重要因素。在居民收入水平、文化商品价格水平和其他因素不变的条件下，居民闲暇时间加长，文化消费需求量就增大；反之，居民闲暇时间缩短，文化消费需求量就会减少。

文化消费需求量，随价格上升而递减，随价格下降而递增。在现代市场经济背景下，文化消费品和服务的价格是影响文化消费需求的基本因素。在其他因素不变的情况下，文化需求总是随着文化消费品的价格的变化而变化的。文化消费品和服务的价格下降，文化消费需求量就会增加。但也有学者认为文化消费具有“口红效应”。“口红效应”是20世纪30年代美国经济大萧条时期，开始引起经济学界关注的现象，即在经济不景气的情况下，人们的消费欲望仍然存在，甚至非常强烈。不过由于受到收入水平的限制，居民消费需求对象会发生变化，趋向购买廉价商品。口红虽然不是生活必需品，却兼具廉价和粉饰的特点，能给消费者带来心理安慰。“口红效应”背后有其经济原理，在经济萧条时期，居民收入下降，生活压力加大，手头上没有太多的余钱去购买汽车和房子之类的奢侈品，反而握有一些小额的零花钱。在沉重的生活压力下，人们总想放松一下自己的心理，释放一些压力，这为文化产品的繁荣创造了机会和条件。文化消费具有“口红效应”的典型特征。

文化供给，是指文化企业适应文化消费需求在一定时期向市场提供的文化商品和服务。在市场经济背景下，文化消费的供给由文化企业承担，文化企业向文化消费者提供的文化商品和服务，通常情况下是有偿的。文化供给包括文化供给水平、文化供给质量和文化供给结构三项基本内容；影响文化供给的因素主要包括企业生产成本、经营能力和产品价格水平。一般而言，文化供给水平和产品价格成正比，与生产成本成反比。

本书将依据文化产品供求的一些基本规律对影响文化消费基本因素以及文化产业发展与文化消费之间的关系进行分析探讨。

二　文化消费功能理论

（一）文化消费的精神满足功能

文化消费具有若干功能，能够满足消费者的物质和精神生活需要，使人们能够从消费中体验满足感和快乐，提升生活的质量。文化消费能够增加消费主体的愉悦感和幸福感，部分消费者能够在消费过程中排遣、消解内心苦闷。文化消费还能促进人力资本提升与人的全面发展。高品位文化消费有助于人的价值观构建、思想品质塑造、文化水平提高以及艺术修养的提升。人们在文化消费过程中能够获取知识、提升境界、增长才干。从国家整体的角度看，居民的文化消费活动能够成为政府传递价值观的重要手段和途径，激发正能量。此外，文化消费活动能够为文化产业发展提供驱动力，文化消费需求的扩展可以为文化产业的快速发展提供广阔的市场空间。一般而言，区域文化消费需求的特点对区域文化产业发展会产生重要的影响。

（二）文化消费的身份显示功能

文化消费受群体特征和身份的影响，不同的群体和身份有不同的倾向。文化消费活动在满足人们自身需求的同时，也满足了各自的符号和社会需求。不仅不同的阶级有不同的文化消费模式，而且文化消费构成了一种社会区分的独特模式，“艺术和文化消费天生就倾向于有意或无意地，实现使社会差别合法化的社会功能”。文化消费绝不仅单纯反映了社会的区分与差异，同时还生产、维系与再生产的社会区分与差异。“品位会分类，也会分类分类者”。我们被自己的分类给分类了，同时也用别人的分类来分类别人。布迪厄认为文化消费的操作不仅指明与标示社会区分，同时也在维持社会差异。这种分类策略本身虽然不能制造社会不平等，却让这些不平等取得正当性。所以，品位是一种深具意识形态的论述，成为“阶级”的标记。布迪厄充分地发掘了文化消费的阶级性。他认为消费者区分文化商品的过程，也是他们区分自身的过程，通过这种区分活动，人们在客观阶级结构中的地位被表现出来。文化能力的获得，文化消费的行为过程，甚至文化商品的分类，都与宏观社会结构相统一；文化活动，不是单纯的社会个体行为或家庭行为，而是社会结构的移置，社会等级的内在化和日常化。所以，艺术和文化消费具有确认社会差别并使之合法的社会功能①。

（三）文化消费的示范功能

人们的消费行为及消费习惯不仅取决于其收入水平，并且受其他人——主要是与自己收入水平及社会关系相近的人的消费行为的

---

① 参见罗钢、王中忱《消费文化读本》，《国外理论动态》2003 年第 9 期。

影响。以高档奢侈品为例，当某个消费者看到这些人因收入水平提高或者是消费习惯的变化而致使其购买高档奢侈品时，尽管自己收入水平没有大幅提升，也可能效仿他人扩大自己的消费支出，或者在收入水平下降时也不会降低自己的消费水平（这也是消费刚性的作用），于是这些人的行为具有示范效应。示范效应可以跨越国界，对别国消费者产生影响。当某国消费者接触到别国居民购买的高档消费品时，他们可能会效仿别国居民从而改变自己的消费习惯。

通过自身的文化消费，在示范效应机制的作用下，能潜在地推动整个社会对文化消费需求的提升，从而形成一种乘数效应。同时这种整个社会新的消费热点的兴起，会起到扩大内需的作用并且推动某一文化产业的发展，这对于优化产业结构、形成新的经济增长点具有积极作用。

本书将基于文化消费功能理论，探索促进文化消费、规制文化消费的政策方案。

第三章

我国文化消费的现状与区域差异

文化消费需求存在区域差异，城乡和区域不平衡现象较为突出。本章内容着重对我国文化消费需求的发展趋势以及区域间的差异进行分析。

第一节　我国文化消费需求演变趋势

一　文化消费规模的扩张

根据马斯洛的需求层次理论，当人们低层次基本需求得到满足后，会产生较高层次的社会需要、情感需要、尊重需要和自我实现的需要。因此，随着收入水平的上升和消费能力的提高，居民消费需求的结构会发生巨大变化。

改革开放30多年来，随着经济的快速发展和收入水平的提高，我国居民消费结构发生了非常大的变化，大致经历了三个阶段。20世纪70年代末到80年代中期为第一阶段。这一阶段居民衣食类等满足基本需求的消费支出快速扩张，处于以满足生存需要为特征的“粗放型”消费阶段。80 年代中期至 90 年代中期为第二个阶段，是以解决温饱问题为特征的“集约型”消费阶段。这一时期吃穿类的消费支出比例不断下降，家庭大宗耐用品消费支出比例快速上升。从 90 年代中后期至今为第三阶段，社会逐渐过渡到以满足精神需要为主的“享乐型”消费时期。在这一阶段，生活必需品消费支出比例不断下降，享受型消费支出比例快速上升。文化娱乐类支出逐渐超过日用品类支出，居民的消费重点由对物质财富的消费逐步转向对精神财富的消费，而文化消费则是其中的重要组成部分。

（1）城镇居民文化消费。伴随着经济的快速发展、民众生活水平的提高，文化消费需求水平不断增长。2012 年第一季度，城镇居民人均可支配收入 1846 元，比上年同期增长 5.3%；人均消费性支出 1337 元，比上年同期增长 4.2%，其中娱乐教育文化支出增长 11.2%，通信支出增长了 23.7%。城镇居民人均文化消费额 2012 年为 1200 元左右，比 2005 年初增长了 2 倍。但尽管如此，我国文化消费规模与发达国家相比还存在较大的差距（见图 3－1）。

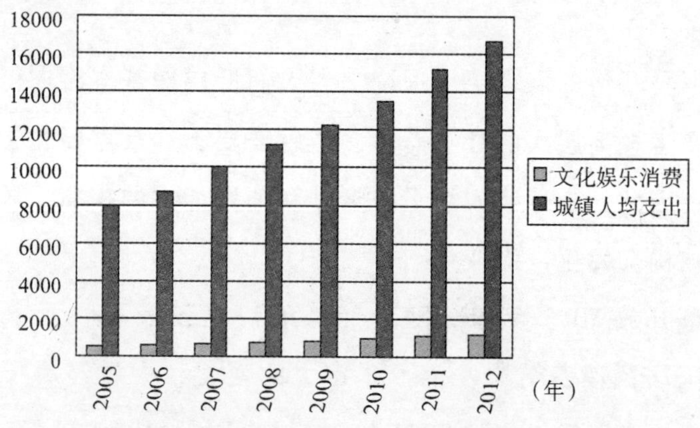

图 3－1 城镇人均现金消费支出与文化消费支出（单位：元）

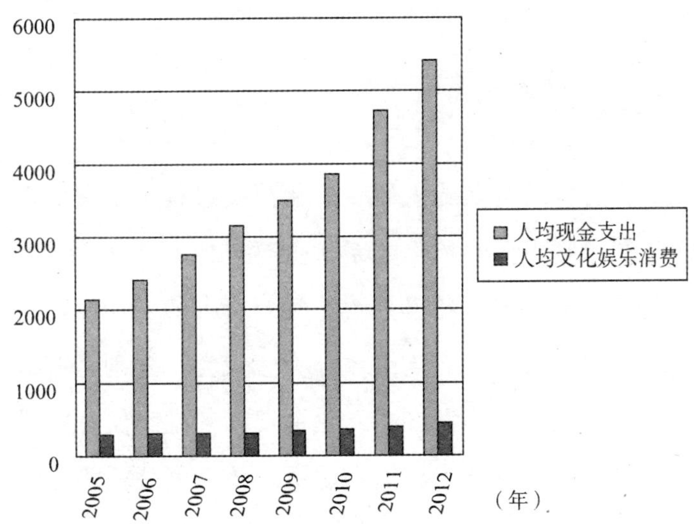

图 3－2　农村人均现金消费与文化娱乐消费（单位：元）

（2）农村居民文化消费数据（见图 3－2）。

城市与农村的情况有所差异，在城市文化娱乐消费支出占消费支出比例呈上升趋势，而在农村则呈递减趋势，目前农村文化消费占消费支出比例高于城市。这说明农村文化消费中教育消费是其主要构成部分，由于我国传统对教育的重视以及公共教育投入的不足，很多家庭对教育投入较高，且具有刚性，挤占了其他方面的消费支出。城市中文化消费支出比例不断提升，说明城市家庭中衣、食、住、行等物质消费需求已得到基本满足，人们越来越重视精神生活需求的满足，不断增加文化消费。总体来看，我国居民的文化消费支出在可支配收入中所占的比重较低。统计数据表明，我国居民的文化需求还没有得到充分的满足，其消费能力未得到充分释放，文化产品和服务在可预见的将来市场空间巨大，但尚需要积极开拓。未来随着经济和社会的发展，居民收入水平不断提高，居民文化消费潜力将快速释放，文化消费在总量上可望有较快增长，质量上也会有较大提高。

二 文化消费需求结构的变化

文化消费需求结构是指人们在文化消费过程中消费的各种不同类型的文化产品和服务的比例关系，主要包括消费文化产品和服务的数量以及消费文化产品和服务的种类及所占的比例等。根据文化消费层次的不同，可以将文化消费分为三大类，分别是基础类文化消费、娱乐类文化消费和发展类文化消费。基础类文化消费主要包括看电视、看报纸、看杂志、读书、听广播、逛公园等消费品和服务等，属于居民日常生活中的必需的消费；娱乐类文化消费指能给人们带来身心上的愉悦的消费品和服务，主要包括打扑克、打麻将、玩电子游戏、上网、去酒吧、唱 KTV、参加各类体育活动、看电影、外出旅游以及娱乐性饲养和种植等；发展类文化消费指为实现提高自身的素养目的的消费活动，主要包括图书馆阅读、博物馆等场馆参观、音乐歌舞剧观赏、字画收藏、运动健身以及参加艺术培训等①。

我国居民处在改善生活环境、休闲减压的初级阶段，文化消费存在享受型文化消费超前发展、基本文化消费和发展型文化消费滞后的特征。目前居民文化消费结构呈现明显单一性特征，娱乐型文化支出和享受型文化支出占据较大比例，而且集中在一些比较传统

① 参见谭延博等《山东省城镇居民文化消费结构探析》，《山东理工大学学报》（社会科学版）2010 年第 2 期。

的项目上[①]。在享受型文化消费中，娱乐消费持续增长，娱乐性、消遣性和趣味性消费较多，高层次的精神消费内容需求较少。居民文化消费活动还主要集中在比较低的消费层次上，像文艺演出、明星演唱会、展览展示等层次比较高的消费不是很普遍[②]。与此同时，文化消费领域还存在供求关系不平衡问题，一方面，较高层次的文化消费品和服务的供给满足不了消费需求；另一方面，某些低层次的文化消费品和服务供给过剩。

随着我国国民经济的持续快速增长和居民收入水平的不断提高，居民文化消费结构正处于逐步优化的过程中，城镇居民对旅游、教育、娱乐休闲等文化消费的需求显著增长。

未来文化消费的热点领域将集中体现为文化旅游、培训教育和数字娱乐消费等方面。

第一，文化旅游消费。随着经济社会的快速发展，居民闲暇时间将会不断增多，收入水平也会快速提高，居民对旅游消费的潜在需求将越来越快地转化为现实需求，旅游消费将会快速扩张。经济发展到一定水平后，旅游将成为生活中的必需品，其刚性特征越来越突出。

第二，文化教育消费。从潜在的需求来看，我国居民对教育投入非常重视，教育消费愿望强烈，居民普遍认为子女的教育投入是家庭开支的重要内容。全国城镇居民储蓄意向调查结果从另一角度佐证了上述判断，居民储蓄动机排第一位的是子女教育。数据显示，2012 年，我国民办教育市场规模为 4260 亿元，近几年年均复合增速达到 14.5%。民办教育的市场集中

① 参见葛红兵、谢尚发《文化消费：文化产业振兴的根本问题——兼评 2009 年上海文化消费状况》，《科学发展》2009 年第 12 期。

② 参见张春皇《福建省城镇居民文化消费结构分析》，《合作经济与科技》2013 年第 5 期。

度非常低，据民政部统计显示，2012 年全国登记在册的民办教育机构数量达到 11.7 万家，考虑到还有许多未在民政部登记的小型教育机构，全国大大小小的教育培训机构总数高达几十万家，且每年都在加速增长①。虽然中国居民的教育消费支出占文化消费总支出比例较大，但随着科学技术的飞速发展、人才需求的快速增长以及人口年龄结构的逐渐转变，居民教育消费支出总量还将持续攀升。

第三，数字娱乐消费。数字娱乐业覆盖范围广泛，不仅指人们通常所说的计算机游戏，一切通过数字技术，如计算机、互联网等为人们提供娱乐的行业都可以称为数字娱乐业，它涵盖了利用数字技术为人们“制造快乐”的各个领域。具体而言，从提供视听享受的 MP3 音乐播放器、交互电视等电子产品，到提供网络游戏体验、网络聊天、数码摄像等活动，都属于数字娱乐业的范畴②。随着计算机技术和电子商务的充分发展，网上互动越来越便利，付费更为快捷安全，新的消费方式不断涌现。在网络文学方面，“盛大文学”推出的网络付费阅读模式，开启了一个全新的消费领域。数字交互技术的发展也为居家式文化消费提供了前所未有的选择。点播节目、交水电费、进行远程学习、玩休闲小游戏等越来越多的新功能被开发出来，电视已经成为众多新型文化消费的一个集成平台③。据统计数据显示，2010 年国内数字出版产业总体

① 《中国家庭教育支出规模庞大》，中国产业信息网 http://www.chyxx.com/industry/201312/224921.html。

② 参见李婷《在经济学研究范式下的文化产业研究》，硕士学位论文，重庆大学，2006 年。

③ 参见闫平《公共文化供给与文化消费》，《中共济南市委党校学报》2014 年第 2 期。

收入规模达到1051.79亿元，比2009年增长了31.97%。网络音乐总体市场规模达到23亿元，比2009年增长约14.4%。手机出版、网络游戏、电子书等新兴文化消费领域，创造性地满足了人们的文化消费需求。

我国居民的文化消费支出中，十大偏好的文化产品分别是报纸杂志、游戏、文化器材、电视、设计、电影、图书、广播、艺术品收藏和娱乐活动。可以看出，报纸杂志、电视、图书等传统文化产品依然是居民主要偏好的文化产品，但游戏、设计等新兴文化产品也逐渐得到消费者的认可，呈现明显的上升趋势。从国内外产品消费偏好看，在电影、动漫、游戏、演艺四类文化产品中，我国居民更喜欢国外电影和动漫产品，且喜欢国外电影和动漫的人数比例比喜欢国内同类产品的高出10%；而国内游戏、演艺产品比国外更受欢迎，特别是演艺产品，喜欢国内演艺产品的人数远多于喜欢国外同类产品的人数，超出比例接近20%①。

在未来文化消费内容将会不断丰富，层次不断提升，方式将不断创新。概而言之，当前我国文化消费呈现三个特征：其一，我国正处在文化消费的数量扩张和观念嬗变期；其二，文化消费水平在非均衡状态下逐步提升；其三，教育支出是文化消费结构中的主要支撑点。

① 参见彭翊《中国省市文化产业发展指数报告》，中国人民大学出版社2013年版。

第二节　区域文化消费差异

一　文化消费需求结构区域特征

我国地区经济发展呈不平衡状态，东南沿海地区经济比较发达，中西部地区经济较为落后，导致各地区消费支出水平与文化消费结构存在很大差异。2010年，全国平均消费支出为13471.45元，最高的上海市人均消费23200.4元，最低的青海省人均消费支出9613.8元，相差13586.61元，前者是后者的2.4倍。相应地，用于教育文化娱乐服务的消费支出最高的也是上海市。2009年人均支出3363.24元，占消费支出的14.5%，比全国平均水平高出2.4个百分点。但教育文化娱乐服务支出最低的地区并不是青海省，而是西藏自治区，其人均教育文化娱乐服务支出为477.96元，仅占消费支出的4.9%，比2009年的5.2%还低。这是因为，文化消费不仅取决于经济发展状况，而且取决于当地的文化氛围和居民的受教育水平，如教育发达地区陕西省，尽管其经济属于欠发达地区，却有较高的文化消费水平，人均教育文化娱乐服务支出所占比重为13.5%，仅次于北京、上海、江苏、浙江四个经济发达地区，高出全国平均水平14个百分点。各个省份文化消费结构差异明显，湖北、湖南、安徽、河北、内蒙古等省份教育消费占的比重大；甘肃、重庆、新疆、四川等西部省市文化娱乐消费占的比例大；北京、上海、天津、浙江等省市文化耐用消费品消费占的比例大；广东、福建、西藏、宁夏通信消费占的比例大。北京、上海、广东、浙江等省市的文化消费结构较为平衡，而西藏、甘肃、福建、山东等省区的文化消费结构则存在明显失衡现象。

（1）教育。随着我国经济的快速发展，居民家庭教育支出迅速增长。从20世纪90年代以来，家庭教育支出以平均每年29.3%的速度增长，明显快于家庭收入的增长，也快于国内生产总值的增长。从教育消费支出占消费性支出的比例来看，各省市从高到低依次为，湖北（9.38%）、湖南（9.03%）、安徽（8.73%）、广西（8.29%）、河北（8.07%）、内蒙古（8.06%）、浙江（7.91%）、重庆（7.87%）、青海（7.84%）、吉林（7.63%）、海南（7.60%）、山东（7.58%）、江西（7.31%）、陕西（7.26%）、新疆（7.17%）、山西（7.03%）、辽宁（6.95%）、黑龙江（6.90%）、广东（6.90%）、四川（6.78%）、江苏（6.66%）、北京（6.58%）、甘肃（6.20%）、天津（6.16%）、云南（5.89%）、宁夏（5.85%）、贵州（5.81%）、上海（5.61%）、河南（5.46%）、福建（5.25%）、西藏（3.41%）。从所列出的数据可以看出，中部地区省份家庭教育消费占总消费比例最高，家庭教育投入比例较低的省市中则既包括东部发达地区，也有西部欠发达地区。在经济较发达地区，教育消费支出占比一直较高，基础较好，现阶段支出的相对比重有所下降，但绝对额度仍在增长，如上海；经济欠发达地区，现阶段经济条件虽有所改善，但消费支出的大头仍是基本消费品，还没有充裕的资金加大教育支出比例，最典型的是西藏①。

（2）娱乐。娱乐是消费的第一动力。福雷斯特研究公司的娱乐消费研究表明，73%的年轻人的第一消费动机是娱乐，他们的可支配收入有60%都花在了娱乐消费上。广州、南京、北京等地居民的

---

① 参见杨延华《文化消费初探》，硕士学位论文，首都师范大学，2005年。

通讯消费增幅很大，这表明，随着科技的发展和电脑的普及，人们的文化消费正在向数字领域转移。从文娱耐用消费品的消费支出看，全国从高到低依次是：北京、上海、天津、浙江、广东、湖南、河北、云南、广西、四川、重庆、山东、西藏、江苏、宁夏、新疆、贵州、陕西、湖北、青海、甘肃、山西、福建、辽宁、吉林、安徽、内蒙古、海南、江西、河南、黑龙江。其中北京和上海遥遥领先，分别为375.28元和372.05元，而排名第三、第四的天津和浙江仅为224.25元和221.71元。排名第五的广东与浙江又有较大差距，跌至170.62元。而排名后五位的黑龙江（64.59元）、河南（76.01元）、江西（77.26元）、海南（86.58元）、内蒙古（88.13元），与北京、上海的差距在4.2倍以上，黑龙江与北京的差距更在5.8倍以上。而且，文娱耐用消费品的内容也很不相同。北京、上海、浙江等省市主要是家用计算机、摄像机、组合音响等高档文化耐用消费品，而黑龙江等省则主要是电视机、照相机、录音机等普及性文化耐用消费品。

（3）旅游。最近几年以来，居民人均旅游消费一直在攀升。城镇居民与农村居民的旅游消费存在较大差异。农村居民的旅游消费人次远远超过城镇居民，但旅游消费支出却远低于城镇居民，人均旅游消费不及城镇居民的一半。这就意味着农村居民在旅游目的地、旅游质量上还处于较低层次。不过，农村与城镇文化消费的这种差异只是总体上的，不能绝对化。

中国人民大学和文化部文化产业司测算了中国文化消费指数，从2013年的结果来看，区域差异非常明显。在文化消费意愿分指数排名中，中西部省市重庆、湖南、江西、四川进入前十，其中重庆排名第一，值得一提的是，文化消费重镇——北京并未进入前十；在文化消费满意度分指数排名中，中西部省市占了半壁江山，其中山西排名第一，广西、贵州、陕西、甘肃也进入前十。

东部地区居民的文化消费意愿、消费水平均比中部和西部地区的居民高。不论从综合指数还是从5个分指数的排名情况来看，我国东部地区的文化消费状况都要好于中西部地区，在综合指数排名中，前十名当中有7个省市都是出自东部地区，这也大体符合我国文化消费的实际状况。东部地区居民人均年文化消费的金额为5197.3元，占可支配收入的比例为20.6%；中部地区居民人均年文化消费的金额为2490.5元，占可自由支配收入的比例为13.8%；西部地区居民人均年文化消费的金额为2990.8元，占可自由支配收入的比例为16.7%，可见东部居民的文化消费能力明显高于中西部居民。从意愿来看，愿意更多购买文化产品的东部地区的居民占到42.72%，明显高于中西部地区。从时间来看，也是愿意花费更多时间来消费文化产品，东部占到44%，也高于中西部地区。所以，东部地区居民的文化消费意愿更加强烈。在文化消费意愿分指数排名中，重庆、湖南、河北、江西等省市居民的消费意愿更为强烈[①]。

从城乡差异来看，我国城镇居民和农村居民文化消费支出占可支配收入比重差异不大。但我国城镇居民在消费意愿上略高于农村居民，且由于城镇居民可支配收入高于农村居民，调研显示，城镇居民年均文化消费4422元，占可支配收入的18%，而农村居民年均文化消费1238元，占可支配收入的16.4%，城镇居民文化消费水平明显高于农村居民，约为农村居民的3.41倍，城镇居民文化消费依然在我国文化消费中占据主导地位。不过值得指出的是，受

① 参见彭翊《中国省市文化产业发展指数报告》，中国人民大学出版社2013年版。

生活方式的影响，农村居民的文化消费时间占可支配时间的比重和实际文化消费时间数量均略高于城镇居民。可见，随着可支配收入水平的提高，农村居民的文化消费能力不容忽视。

二　区域文化消费需求数量差异

为了研究经济发展的区际差距，区域经济学学者开发应用了许多方法对区域之间、城乡之间的经济差距进行测度。本书借用了前人对经济差距测度的方法对文化消费支出区际差距进行测度。区际差异可以分为绝对差异和相对差异，主要的测量手段与工具包括：

（1）绝对差异。本书的绝对差异指标用标准差 σ 来衡量，若 y_i 表示各省区人均文化消费支出额，$\bar{y}$ 表示全国人均文化消费支出额，f 表示各区域人口数。

$$\sigma = \sqrt{\frac{\sum_{i=1}^{n}(y_i - \bar{y})^2 f}{\sum_{i=1}^{n} f}} \tag{3.1}$$

（2）相对差异的测度。本文主要采取加权变异系数来反映，计算公式为：

$$V_{iv} = \frac{\sigma}{\bar{y}} \tag{3.2}$$

加权变异系数越大，区域相对差异越大；反之亦然。

（3）Theil 系数是一种具有空间可分解性的区域差异分析方法，可以用来分析区域差异总体变化过程、区际差异和区内差异的变化情况，以及区际差异和区内差异变化对区域总体差异变化的影响。Theil 系数的计算方法如下：

$$T = \sum (g_i/G) \times \log[(g_i/G)/(p_i/P)] \tag{3.3}$$

式中，T 为 Theil 系数，测度区域总体差异；g_i 为第 i 个子区域的文化消费支出额；p_i 为第 i 个子区域的人口值；G 为区域总的文化消费支出额；P 为区域的总人口值。

如果把区域划分为不同的区域组，利用对 Theil 系数进行分解，可以进一步分析各区域内部差异、区际差异及其对区域总体差异的影响。Theil 系数的分解计算公式如下：

$$T = T_v + T_W = T_v + \sum G_i T_{W(i)} \tag{3.4}$$

$$T_v = \sum G_i \times \log(G_i/P_i) \tag{3.5}$$

$$G_i = \sum g_j, j \in i(i = 1, 2, \cdots, n) \tag{3.6}$$

$$P_i = \sum p_j, j \in i(i = 1, 2, \cdots, n) \tag{3.7}$$

式中：T_v 为区际差异；T_w 为区内差异，是各区域内部差异 $T_{w(i)}$ 的加权和；G_i 为第 i 个区域文化消费额占区域文化消费总额的份额；P_i 为第 i 个区域人口所占份额；g_j 为第 j 个子区域文化消费额所占份额；P_j 为第 j 个子区域人口所占的份额。Theil 系数越大，区域差异越大；反之亦然。

（4）相对差异变化趋势。在计算地区差异的变动比例时，按现价计算和按不变价计算的结果是一样的。本书的出发点是对区域之间的比较分析，因此本书没有对原始数据的价格进行换算。

文化消费支出对于地方经济发展毫无疑问具有重要意义和作用，本部分重在考察区域文化消费支出额度的一些变化特征。重点考察文化消费支出的区域差异的历史变化，以期从中发现一些问题。本书研究采用的数据主要来源于《中国统计年鉴》和国家统计局网站。文化消费的分类采用国家统计局《城镇住户调查方案》中的规定，将城镇居民消费支出具体分为三项：文化娱乐用品支出、文化娱乐服务支出和教育支出。文化娱乐用品支出包括居民在购买彩电、电脑耗材、摄像机、照相机等方面的支出；文化娱乐服务支出包括旅游、健身等方面的支出；教育支出指包括学费、住宿费、伙食费、课外辅导费用、择校费、学习用品费用等方面的支出。

我们首先根据上节所述公式对各省区的加权变异系数进行了计算，结果见表3-1。

表3-1　文化消费支出相对差异系数

年份	2004	2005	2006
差异系数	0.379848	0.38005	0.382004
年份	2007	2008	2009
差异系数	0.363113	0.370648	0.376628
年份	2010	2011	2012
差异系数	0.371636	0.364265	0.358207

根据表3-1的计算结果在Excel中生成图3-3。

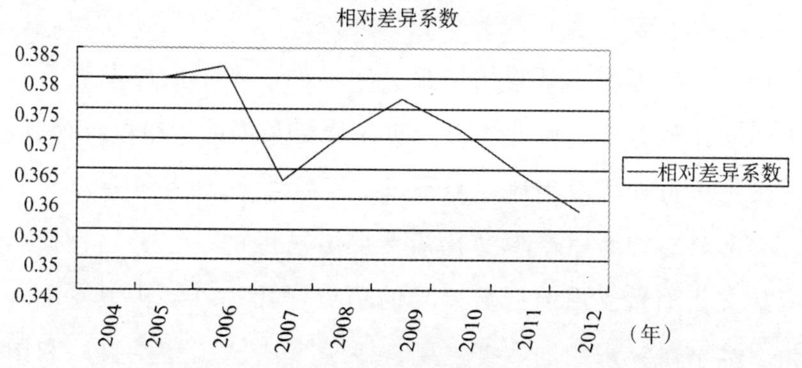

图3-3　区域文化消费支出相对差异系数

我们利用同样的数据测算了泰尔系数，计算结果见表 3 - 2 和图 3 - 4：

表 3 - 2　　泰尔系数计算结果

组别	年份	系数	年份	系数
全国	2004	0.065777	2009	0.08032
	2005	0.070277	2010	0.101185
	2006	0.075643	2011	0.103545
	2007	0.072459	2012	0.095298
	2008	0.068731		
东部	2004	0.052106416	2009	0.049964834
	2005	0.051108486	2010	0.053054023
	2006	0.050632888	2011	0.054052584
	2007	0.049887116	2012	0.059715249
	2008	0.045830976		
中部	2004	0.007325	2009	0.006612
	2005	0.003428	2010	0.007123
	2006	0.006778	2011	0.012062
	2007	0.003614	2012	0.015753
	2008	0.003182		
西部	2004	0.012662	2009	0.013269
	2005	0.013024	2010	0.021182
	2006	0.013675	2011	0.016035
	2007	0.018156	2012	0.010982
	2008	0.019328		

区域相对差异系数越大，说明文化消费的差距越大，反之亦然。观察发现，泰尔系数走势图与相对差异系数走势图的形状基本吻合，说明两种测算方法能够相互印证。

城镇居民区域文化消费差异呈现不断缩小的趋势，说明随着城

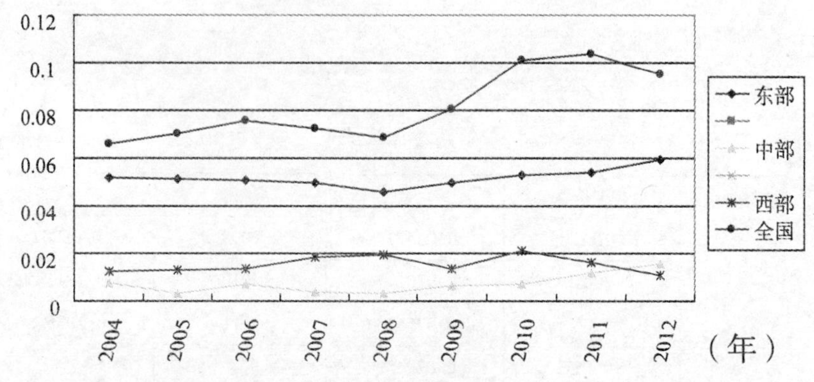

图3－4　区域文化消费的泰尔系数变化趋势

镇化的发展，文化消费的区域差异在缩小。另外，从区域内部差距来看，中部地区差异最小，其次为西部地区，东部地区内部差异最大。地带内差异是构成文化消费水平空间差异的主要原因，它对总差异的贡献度超过了75%，而三大地带内的空间差异情况则表现为东部地区大于西部地区大于中部地区，东部地区的空间差异远大于西部地区和中部地区，其内部差异对总差异的贡献度为65.02%，超过了地带间的差异。可以看出，我国31个省（市）的城镇居民文化消费水平的差异主要是由地带内部差异引起的，即在我国各区域内部文化消费水平有较大的空间差异，其中差异最为明显的即泰尔指数最大的为东部地区，它对总体差异的贡献度超过了65%。

第四章

文化消费区域差异形成机制

本章首先在前人研究基础上，概括归纳影响个体文化消费倾向的一般因素，在此基础上对区域文化消费倾向的一般要素进行理论提炼。在上述理论分析基础上，提出假设，构建计量模型，并利用各省市面板数据进行实证检验。

第一节　影响文化消费的个体因素

一　个体文化消费行为过程

个体文化消费是一个行为决策过程，这个过程一般包括精神需求、收集信息、评估论证、决定购买等若干阶段。

人们的文化消费行为是从生成“精神需要”开始的。人们日常的文化消费行为具有一定的共性和规律性，但每个个体对于文化产品的需求存在差异。比如，电视观众中有的偏好时事、有的喜欢综艺、有的爱好体育，还有的喜欢电视剧。从事科学研究工作的学者偏好严肃报刊，普通读者则偏好文学类、娱乐类、时尚类或健身类报刊。

在文化消费行为过程中，实际隐含着对精神需求的选择与决策。人们在周末和节假日期间，需要对相对集中和充裕的闲暇时间的文化生活进行安排，将个人潜在的精神需求转化为现实的精神需求，所以同样要对引起的“精神需求”予以选择与决策。由于精神需求属于人类的高级需求，它只能在具备了满足生理需求、存在闲暇时间和具有购买能力三个前提条件下产生，并且精神需求具有一定的伸缩性。人们的精神需求往往是由两种刺激引起的：

一种是内部的心理刺激，如渴求社交与归属、期望尊重、实现自我价值等；内部的刺激跟个体内在特征相关联，即个人心理、性格、身体与文化素质等。

另一种是外部情形触发，如自己周围朋友不断介绍自己的文化消费体验，包括培训、电影、音乐会、旅游等，会极大地触发这些个体文化消费需求。外部触发特征更多与个体所处的群体联系较密切，比如职业、区域等。

如消费者的精神需求很强烈，可以用来满足精神需求的对象就在附近，那么消费者就会即刻采取购买行动，实现文化消费行为。例如，有人下班之后很想放松精神紧张的状态，或宣泄内心世界的烦恼，他会选择去附近的影院看场电影，或结伴去酒吧、迪厅消遣。但是，如果附近没有这些设施他可能采取其他方式宣泄自己的情绪。

购买情况的复杂程度。如果是复杂一点的消费行为，消费者需要收集的信息量取决于其在有限的解决问题的范围，消费者要收集的信息量不大；而在广泛的解决问题的范围，尤其在消费者对所要购买产品不甚了解的情况下，要收集的信息量就很大。消费者在收集产品供求信息的基础上，就会结合自己具体的需求目标，进行综合分析和评估论证，从而做出符合既定需求目标的购买决策。

周围人的态度，如丈夫、妻子或好友的态度，对消费者的决策会产生重要影响。其强度取决于两方面：一是他人对消费者所中意的购买方案持反对态度的强度；二是消费者愿意顺从他人意见的程度。他人反对态度越强烈，或是他人与消费者关系越密切，消费者修正甚至降低其购买意图的可能性就越大。

二　影响因素构成

基于消费者行为决策过程的分析，大体上可以认为影响消费者个体行为选择的因素包括文化程度、职业、年龄以及个人偏好和居住环境等。这些因素大体可以分为两类：一是心理需求；二是消费能力。

消费能力是决定消费行为的核心要素。文化消费能力是受内外多种因素影响而形成的综合能力，主要取决于消费者的收入水平、文化素质、闲暇时间、文化价格和文化基础设施等。文化消费能力的重要标志是经济消费力，同时由于消费者还必须具有了解文化产品精神价值的能力和要求，并以自身的经验认识、文化水准、价值取向等个性化内容进行选择、利用和改造，衍生新的意义和快乐，才构成一个完整的文化消费过程。可见，文化消费的能力高低不仅与消费者的经济消费实力相关，还与消费者的文化素质和闲暇时间、文化基础设施等成正比关系。

（一）受教育程度

居民受教育的水平决定了其自身的文化素养，而文化素养的高低直接影响到居民文化消费意愿。文化消费者的文化素养属于人的后天性素质，是指人们为消费文化产品及从事职业劳动所具备的一定的社会交流能力和知识应用能力——掌握基本的语言文字知识以及各类专业知识。人与人之间的文化素质客观上存在差异，这种差异直接影响到文化产品的社会需求总量。文化消费与一般物质商品消费不同，文化商品的价值是在人民与消费对象共振共鸣中获得的，对于不同文化背景的人群而言，文化商品的效用存在较大差异。随着科学技术的飞速发展和广泛应用，文化艺术的不断创新和广为传播，对文化消费者的文化素质要求越来越高。比如，想要上网聊天和互动游戏，就须熟悉计算机和互联网知识；想要欣赏西洋歌剧，就须具备相应的外语、艺术和历史知识；想要玩台球、网球、保龄球、沙狐球，就须掌握这些球类技能；等等。文化消费者的文化素质越高，对文化消费需求的数量和质量也就越高。一般来说，同一收入水平下，受教育水平高的居民由于本身的文化修养较高，对文化产品的感受和审美能力必然要强于受教育程度低的人，所以前者更容易和特定的消费对象产生共振共鸣，文化消费对他们更具有个体效用。学者们教育水平与个体文化消费需求的密切关系早已形成共识。

一些学者已经就其中的具体问题进行深入探究，付雪静(2007)① 认为家庭文化消费与文化水平有关，农村家庭文化程度与文化消费水平间没有显著关系，但在城镇文化程度与消费水平间明显关联；而在消费结构方面则正好相反，城镇居民文化消费结构与其文化程度间关系不明显，但农村则高度相关。崔玉贞(2012)② 调查发现，一些文化消费活动需要参与者具有一定的专

① 参见付雪静《小城镇不同居民群体家庭文化消费的差异性研究》，华中农业大学，2007年。

② 参见崔玉贞《文化消费调研报告（2012）：受教育程度对文化消费的影响》，http：//www. icipku. org /acaclemic/BasicRes/Consumption/2012/03/27/1507. html。

业知识与技能，这些专业知识和能力只有通过针对性的教育才能获得。“高学历”群体比“低学历”群体拥有更多机会接触相关的教育和专业知识的学习，因此，“高学历”群体对这些需要特定专业知识和技能的文化消费活动具有更强的接受能力。可以看出，需要一定知识积累才能投入其中，激发持续参与兴趣的“去剧院看演出”和“逛美术馆、博物馆”的学历层之间的差距是最大的。不同受教育程度的受访者在文化消费活动中的花费存在差距，其中日常文化消费支出的差距较小，社会文化消费支出的差距较大，支出呈阶梯状分布。“高学历”的群体更愿意在文化消费项目上花钱。因此，“娱乐型”日常文化消费活动是大众日常生活必不可缺的一部分，居民的参与度和时间花费较为稳定和固定。

教育水平对居民文化消费需求的影响是非常复杂的。教育水平对居民的影响路径大致包括几个方面：其一，影响其内在需求。如阅读、高雅艺术欣赏等高端需要。其二，教育水平与个人收入有比较密切的联系，教育程度通过影响自身的收入水平，对文化消费需求产生作用。其三，教育水平与其个人闲暇时间的充裕程度有关联。在中国目前阶段一般而言，教育水平低与高学历人群的闲暇时间相对缺乏，而中间人群的闲暇时间相对较多。

（二）收入水平

经济越落后，收入水平越低，文化娱乐教育的支出和消费水平也就越低；经济越发达，收入水平越高，文化娱乐教育的支出和消费水平就越高。从文化商品消费的角度来看，商品经济社会从落后到发展再到发达的过程，就是一个文化商品消费水平不断提高的过程，就是文化商品生产与物质商品生产逐步走向均衡的过程。收入水平是消费需求的基础，也可以制约奢侈品和多样化、个性化消费的方向转变，以满足消费者不断变化的精神和心理方面的需求，恩格尔定律和马斯洛的需求层次理论也从不同角度证明了这一变化的趋势。因此，居民的收入水平，特别是居民的可支配收入水平，决定他的文化消费能力的大小。随着社会生产的发展，居民收入水平的提高，使人们所固有的文化产品需求得以释放出来。

“在人们收入水平很低的条件下，除了满足生存需要以外，就不可能再形成享受需要和发展需要的大量需求。”恩格斯提出：人们首先必须吃喝玩穿，然后才能从事政治、科学、艺术、宗教等活动。可以想象的是，忧心忡忡的穷人甚至对最美丽的景象都没有什么感觉。因此，收入水平的提高，是人们产生对享受需要和发展需要大量需求的经济动因。一般来讲，收入水平越高，文化消费量也就越大，两者成一定的正相关性。收入水平的提高使得人们用于物质产品方面的消费相对减少，而用于精神文化产品方面的消费相对增加。收入结构的改变带来了需求结构的变化。根据恩格尔系数所揭示的规律，需求结构变化表现为物质产品效用的下降和文化产品效用的提高，物质产品重要性相对降低，在消费方面表现为更加注重对生活质量的追求，消费行为也从对廉价品、耐用品的追求转向舒适品。很多学者分析了收入对家庭文化消费需求的影响，认为其影响在于将文化消费的潜在需求变为现实或实际需求。文化消费需求与衣、食、住、行相比并非生活必需品，属于精神类的奢侈品，只有当人们收入达到一定程度后，对文化产品的消费需求才会增加，因此，居民收入的高低对文化产品消费水平的高低有较大影响。当收入水平很低难以满足基本需求时，文化消费会被维持在一个极低水平上；当收入水平达到一定程度，基本物质需求得到满足后，文化需求会开始迅速释放。凯恩斯认为，绝对收入和消费支出之间存在稳定的函数关系，即 $C = a + bx$，从公式中就可以看出，随着收入的增加，消费也会呈线性趋势增加。例如，杜森贝利认为，消费者的消费支出不仅受到本人当前收入的影响，也受到其过去收入的影响，同时，还受到周围人消费支出水平的影响；再如，弗里德曼的永久收入假说，他认为消费者的消费水平不是取决于他的现期收入，而是取决于他的永久收入，因为消费者希望在长期或者说一生中保持自己消费水平的相对稳定。

具体到文化消费领域，也有学者运用统计学方法对收入和文化消费之间的关系进行了分析，邓田生、谭波、刘慷豪（2008）[①] 运用 1980—2005 年数据对湖南省城镇居民年人均可支配收入与文化消费支出间的关系进行了经济计量验证分析，发现湖南城镇居民收入与文化消费之间存在长期稳定的关系，在长、短期内，居民的收入水平对文化消费有比较大的正面影响，且文化消费的收入弹性系数达到了 1.0899。由上述文献可知，显然居民收入越多，其消费水平也就越高，特别是满足温饱和基本需求后的剩余部分越多，对文化消费的需求也就会越多，但是具体 1 元收入的增加能够带来消费需求增长的幅度有多大，尤其是使得文化消费增长多少，不同地区的差异还是比较明显的。衡量居民收入的水平指标主要是城镇居民家庭人均可支配收入和农村居民人均纯收入。城镇居民家庭人均可支配收入是指被调查的城镇居民家庭在支付个人所得税、财产税及其他经常性转移支出后所余下的实际人均收入；农村居民人均纯收入是指农村居民纯收入按照农村住户人口平均的纯收入，农村居民纯收入是指农村住户当年从各个来源得到的总收入（工资性收入、家庭经营收入、财产性收入、转移性收入）相应扣除有关费用性支

① 参见邓田生、谭波、刘慷豪《湖南省城镇居民收入与文化消费的协整分析》，《湖南医科大学学报》（社会科学版）2008 年第 10 期。

出（家庭经营费用支出、交纳的各种税费、生产性固定资产折旧、农村内部亲友间赠送支出）后的收入总和。对于我国来讲，居民收入水平偏低影响着文化消费。改革开放以来，我国经济快速发展，但居民总体收入水平还不高，这是我国文化市场潜在需求不能转化为现实消费的一个重要原因。不论城镇居民还是农村居民，在收入水平偏低的情况下，家庭食品消费支出占消费总支出的比重都比较高。若文化消费的需求弹性较大，在面对收入下滑，特别是在面对国际金融危机、人们预期收入普遍降低的情况下，许多人首先削减的是文化娱乐方面的消费支出①。

收入水平与文化消费需求并非简单线性关系，因为影响文化消费需求的因素较多，教育水平、年龄、性别以及地域特征等因素和收入水平共同对个体的文化消费需求发挥作用。

（三）年龄特征

年龄对个人文化消费行为的影响是明显的。因为不同年龄阶段的人群生命活动特征存在较大差异，不同年龄群体对文化消费需求的偏好有所差异。年轻人充满活力，喜欢社交，青睐节奏快的文化产品，如迪厅、酒吧、电子游戏等娱乐项目，喜欢欣赏体育比赛、歌舞晚会等。老年群体退休在家，修身养性，一般偏爱传统戏剧以及参与健身，对新生的娱乐形式接受程度较低。而中年群体则处于两者之间。孟华、李义敏（2012）② 研究发现在不同年龄层次下，可发现青年群体与中老年群体相比在看杂志、看电影、看网络电影上的差异平均距离最大，青年人是文化产品消费的主力；对年龄因

① 参见冯祎《北京市城镇居民文化消费实证分析》，硕士学位论文，北京交通大学，2012年。

② 参见孟华、李义敏《上海城镇居民文化消费的影响因素研究》，《预测》2012年第2期。

素在文化产品消费差异贡献度的比较上，能够发现年龄对看网络电影的差异贡献度最大，对看电影和看杂志的贡献度较小，对购买影碟的数量并不产生影响，由此可知，文化产品的消费差异主要是由网络等技术因素所导致的。在文化活动的消费上，青年群体在看演唱会与歌舞剧方面是消费的主体，而戏剧得到了所有年龄群体的喜爱；同时，各个年龄层面文化活动消费尚未形成集群示范效应，身为消费主力的青年群体集中于文化活动较浅层面上的“看演唱会”消费，中老年虽喜爱较高层面上的歌舞剧和音乐会等文化活动，但实际消费力度却不足。

（四）职业特征

不同职业的群体在知识水平、工作环境、生活方式等方面存在较大差异，因而对文化需求存在较大差异。例如，体力劳动者在闲暇时间文化消费的目的主要是恢复体力和精神享受，所以文化消费着重满足娱乐，对娱乐性报刊、酒吧、网游等更为青睐；而从事管理工作的白领以及科研人员，其文化消费需要兼顾知识更新的目的，因此在文化消费过程中对学术型的期刊、软件、技术培训等知识产品和服务更为重视。孟华、李义敏（2011）[①] 对职位等级与文化消费需求间的关系进行了考察，发现不同职位等级下上海城镇居民的文化产品消费不存在差异，而在文化活动消费中却存在差异。这种差异可以表现为：与中、低职位的群体相比，高级职位群体在看戏剧、听音乐会、看歌舞剧上的差异平均距离最大，职位与文化活动消费呈正相关系；在差异的变化上，

① 参见孟华、李义敏《上海城镇居民文化消费的影响因素研究》，《预测》2012 年第 2 期。

职位等级与文化活动的差异变化也保持了一致，该现象可能与不同职位等级人群的社会交际范围相关。解学芳（2011）[①] 研究，发现不同职业的居民文化消费生态分布存在显著差异。离退休人员的文化消费生态空间分布于文化馆、社区文化活动中心以及一些社区文化场所；教师的文化消费生态空间主要分布在博物馆、纪念馆、电影院、剧院等；在校学生的文化消费生态空间主要分布在图书馆、网吧等场所。这些文化消费生态空间分布的差异性反映出其职业性质和文化消费观念，从一个侧面也说明目前的公共文化活动面向群体还主要局限于离退休人员，而忽略了其他群体对公共文化的诉求。

上述研究都验证了个体教育、收入、年龄的差异导致个体文化消费需求偏好与消费水平的差异。

第二节　影响区域文化消费的因素构成

一　区域经济发展水平

收入与消费之间的关系早已为经典经济学家所证明，家庭收入与文化消费需求间的关系也为许多研究文化经济的学者所证实。在现实中，往往经济越发达的国家，收入水平也就越高，对文化产品的消费需求也就越高，消费量也就越大。美国 20 世纪 90 年代消费结构的变化，表现为衣、食、住三大项生活必需品的消费比例在逐

① 参见解学芳《公共文化产品供给绩效与文化消费生态研究——以上海为例》，《统计与信息论坛》2011 年第 7 期。

步下降，家庭用品和交通等两项非必需品变化不是很明显，而文化娱乐教育和医疗保健两项的支出则明显上升，尤其是食物这一传统的必需品消费大项已经在消费总支出中从第一位下降到第二位，而文化娱乐教育的支出则已经超过了服装、鞋类、珠宝的支出。印度作为欠发达国家，恩格尔系数高达50%以上，文化娱乐教育方面的支出仅为收入的3%。

近年来，随着我国经济的发展，我国居民的生活水平进一步提高，消费者在食品、衣着、家用电器等生活必需品方面的开支急剧减少，而在文化教育、通信、娱乐、旅游等方面的消费迅速增加。

从宏观层面上看，区域内个人或家庭收入水平与区域经济发展水平高低存在密切联系，局域经济发展水平决定了居民收入水平。因此，区域经济发展水平通过对收入水平的影响，对文化消费需求水平发挥作用。

区域经济发展水平还与其他影响因素存在密切联系。其一，区域经济发展水平与区域内的人力资本水平存在复杂联系，二者一定程度上存在互动关系。人力资本水平从微观层面看可以表现为人群在职业以及受教育程度方面的差异，很多实证研究已经验证了职业与教育程度对文化需求偏好存在重大影响。其二，区域经济发展水平决定着地方财政状况，而地方财力状况则影响着政府公共文化产品以及设施的供给空间，如财力充裕政府就可以提供更多公共文化产品，推动当地的文化消费需求水平的提升，否则可能会对居民文化消费需求产生抑制。

二　区域教育发展水平

居民受教育的水平决定了其自身的文化素养，也是影响居民文化消费意愿的因素之一。文化消费不同于一般物质商品消费，其效用只有在“人们与审美对象（消费对象）的共振共鸣中获得”。所以对于不同教育背景的人而言，文化消费所产生的效用就会存在很大的差异[①]。一般来说，在收入水平相当的情况下，受教育水平高的居民由于自身的文化修养比较高，对文化产品的欣赏能力要强于受教育程度较低的人，前者更易与自己的消费对象产生“共振共鸣”，文化消费对他们而言效用更高；而后者的收入支出中物质层面消费倾向性更高，文化消费为其提供的效用相对较小。目前在高雅艺术消费中，受过高等教育的消费者数量远远超出未受过高等教育的消费者数量的现象，可以用这个道理来解释。不过程恩富、顾钰民（2001）[②] 认为大众文化的推行，使得文化商品的受众越来越趋向大众化、平民化和便利化发展，削弱了受教育程度的高低和文化消费量的正相关性，甚至在某些环节出现了“吉芬商品”的趋向。

因为消费需求是与文化程度或者专业背景相联系，一般而言，教育水平高的地方接受过专业训练的群体相对大些，其对文化消费需求水平也相对较高，教育水平落后地区文化消费需求水平相对较低，二者存在正相关系。

三　区域文化偏好

文化消费需求存在明显群体偏好差异，不同群体对同一产品

---

① 参见邹晓东《“十五”期间上海市文化消费变动因素研究》，《上海经济研究》2007 年第 6 期。

② 参见程恩富、顾钰民《新的活劳动价值一元论——劳动价值理论的当代拓展》，《当代经济研究》2001 年第 11 期。

的评价会有明显差异。这些差异的产生跟区域性特征存在较密切联系，这些特征包括区域性地理气候、历史文化、宗教信仰和风俗习惯等。由于地理环境和自然条件不同，经过长期的历史过程，导致文化背景产生差异，从而形成了明显与地理位置有关的文化特征，这种文化就是区域文化。根据不同的文化传统，强化本地区的文化所产生的文化效应，一个文化的存在离不开地方文化的传承性，这样的传承就会产生不同的民俗文化，从而也产生了不一样的区域文化；区域文化最大的特点就是文化存在本身所具有的传统文化的发展倾向，从而也就产生了不同的区域文化的特性。

人类生活的基本习性是大致相同的，人们日常作息时间，大致上分为工作（或学习）时间、闲暇时间和睡眠时间三部分。日常闲暇时间还可细分为晨闲、午闲和晚闲时间。人类所处的地域环境，一天分为夜与昼，一年有春、夏、秋、冬四季（少数热带地域分旱季与雨季），具有周而复始、循环往复的规律性。因此，人类的生活习性相应地带有日常性和季节性的特征。比如，新春踏青、盛夏避暑、深秋登高、隆冬滑雪等。但是不同区域的昼夜的长短、四季的分布有明显的差异。这导致不同区域间不同的文化需求偏好和文化消费的时间偏好。南方比北方的夜生活更为丰富，其中有很多文化方面的消费活动，与之相配套地存在很多通宵运营的公交系统。这最初是气候的缘故，南方温暖的天气情况，为夜间消费活动提供了便利条件。而在冬天寒冷的北方，夜间气温更低，人们更喜欢躲在家里，享受生活的乐趣。这导致区域间在文化消费的类别、结构、时间等诸多方面产生了差异。

不同气候条件的地区，人们在长期的人类社会历史实践过程中创造和积累的并可传承和弘扬的精神财富，包括风俗、习惯、礼仪、宗教艺术、技能、工艺等，形成了地方文化资源和文化特征。在文化风俗方面呈现差异化特征。不同的区域会产生不同的文化艺术形式，如地方戏曲、秧歌、舞龙、舞狮，这些只为地方观众喜爱。年画、剪纸、皮影等文化产品，都有浓郁的地方特色，为地方民众所喜欢。北方地区由于冬天寒冷，一般在休闲时节，或重要节日，组织文化庆典，为民众提供文化盛宴，满足休闲的需要。以传统戏曲而言，各地大多有深受当地群众偏爱的地方戏曲，如将地方戏曲作为一种文化产品推向市场，其主要销售对象必然是发源地和推广该戏曲的地区，因为其他地区群众难有欣赏者。再以语言类艺术小品和相声等娱乐方式为例，南方和北方风格差异明显，但各有自己的受众。

当然随着文化交流的加速，区域间文化产品偏好会逐渐趋同，但这需要一个相当长的过程，因为区域文化差异而形成的文化消费需求偏好存在一定程度的传承性。就现阶段而言，区域文化存在较大差异如开放或保守，含蓄或直接，雅或俗等都对群体的文化消费偏好产生影响。

概而言之，同一区域内的居民，由于气候、历史文化、信仰和风俗习惯的亲近性，导致其在文化消费需求偏好方面也存在一定程度的一致性，但是其中有些差异会伴随岁月的流逝逐渐消弭。

四　文化产品供给水平

文化供给包括文化服务和文化产品的供给。文化消费实现需要一定的设施作为支撑，如相关的博物馆、图书馆、书店以及电影院、剧场、公园等设施，则是提供文化产品和服务的重要载体。不同区域文化供给水平存在较大差异，文化消费活动的载体，有些是市场行为的结果，有些是政府行为的结果。有些场馆设施属于公共文化服务，有些是市场经营设施，这些设施的存在为居民的文化消费提供了便利条件。

文化产品供给水平对文化消费需求具有重大影响，具体而言，文化供给能够引导和创造消费需求，培育消费群体，在消费能力和消费意愿既定的情况下，文化消费需求主要取决于文化产品和服务供给水平，即市场是否能提供足够的有效供给来满足人们的文化消费需要。

第三节　区域文化消费需求水平的决定因素

影响区域文化消费需求水平的因素包括区域经济发展水平、教育水平、区域文化特征以及文化产品与服务供给水平等，这些因素共同发挥作用决定着区域文化消费需求水平及其内容。这些因素之间彼此相互影响。

经济发展水平可以划分为两个维度，其一为经济规模，其二为产业结构。经济规模影响居民收入，居民收入水平的高低，继而对文化消费需求的总规模产生影响。产业结构则与居民的受教育水平存在复杂的互动关系，一般而言，产业结构中对科学依赖程度高的产业占的比重大，或者生产性服务业比重大了，从业人员总体受教育水平或程度就高，居民对文化消费需求的程度就高；否则，情况则相反。经济发展水平尤其是经济结构的变化，将对从业人员的闲暇时间产生影响。产业结构的高级化过程就是从业人员闲暇时间增加的过程。文化商品的消费，必须有一定的闲暇时间加以保证，如参加娱乐活动、读书、看电影、看戏、旅游等，都必须是在自己的闲暇时间内进行，所以闲暇时间的长短是决定文化消费量的重要因素。

区域教育水平对文化消费需求具有显著作用。教育活动培育了大量个体对特定文化形式接受和欣赏能力，刺激、扩大了人群特定类型文化产品的需求。但区域教育水平对文化消费需求发挥作用的机制较为复杂，一般不能独立发挥作用，需要一定外部条件，如区域经济发展水平作为支撑。

区域文化特征，影响到文化消费需求的偏好。文化特征生成的因素很多，有气候环境的因素，有生产方式的因素，亦有外部影响的结果，有变迁亦有传承。就我国而言，区域辽阔，南北东西差异较大，各地均有受到当地群众青睐的特有的文化形式。

区域文化供给对文化消费需求的影响在于其能发挥一定程度的引导与牵引作用，并通过居民间的相互学习和模仿，某种程度上达到塑造居民文化消费偏好的结果（见图 4－1）。

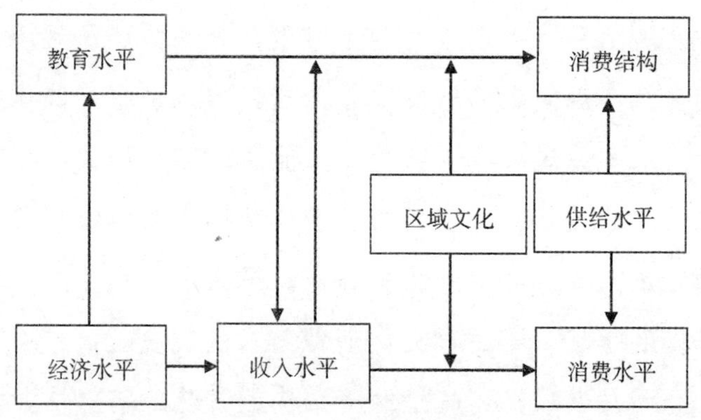

图 4－1 区域文化消费需求水平的产生逻辑

第四节　实证检验

一　理论假设

基于前述对区域文化消费影响因素的分析，本研究做出如下理论假设。

（1）区域经济发展水平的高低对区域文化消费需求有重要影响。

经济发展水平高的地区，文化消费需求也高，经济发展水平低的地区文化消费需求也较低。文化消费需求也和文化消费结构存在一定联系。

（2）区域教育发展水平对地区文化消费需求产生重大影响。

区域教育水平高的地区，区域文化消费需求程度则高；教育水平低的地区，地区人均文化消费需求则低些。

（3）区域文化消费需求水平受到文化产品供给水平的影响。

文化产品供给水平高的区域，其文化消费需求水平较高，反之则较低。

（4）区域文化偏好对区域文化消费需求具有重要的影响。

不同地区文化偏好存在差异，文化特征差异明显的地区，其文化消费需求的水平与结构存在明显差异。

二　模型选择

基于前述理论假设，认为区域文化消费水平受多种因素影响，但不同因素的作用程度存在差异，为此构建类似道格拉斯生产函数模型估计如下。

$$CN_{i,t} = A(EC_{i,t}{}^{\alpha}EDU_{i,t}{}^{\beta}SC_{i,t}{}^{\theta}RG^{\lambda}) \tag{4.1}$$

CN 表示文化需求水平，EC 代表经济水平，EDU 代表教育发展水平，SC 为区域文化基础设施水平，RG 为区域虚拟变量，i 表示区域，t 为时间。

对式 4.1 两边取对数，经整理如下。

$$\ln CN_{i,t} = c + \alpha\ln EC_{i,t} + \beta\ln EDU_{i,t} + \theta\ln SC_{i,t} + \lambda\ln RG + \varepsilon \tag{4.2}$$

CN 表示文化需求水平，EC 代表经济水平，EDU 代表教育发展水平，RG 为区域虚拟变量。

区域经济发展水平指标选取人均收入和服务业占比，代表区域经济发展类指标。教育水平采用人均教育经费投入指标或者居民每万人大学生数量。区域文化产品供给采用区域人均文化事业费支出表示。区域文化特征为虚拟变量，以秦岭淮河为界，南部地区为 1，北方地区为 0。

三　数据获取与计算

本研究数据来自《中国经济统计年鉴》。首先对原始数据进行指数平减处理，然后对数据进行平稳性检验，再对面板数据模型进行 hausman 检验，结果显示应采取固定效应模型。

计算结果显示，区域文化消费支出主要影响因素为收入水平，贡献程度为 0.85，其次为教育水平，为 0.14，其他因素未通过检验。区域虚拟变量系数 0.08 通过了显著性检验。地区财政人均文化事业经费未通过显著性检验。文化气候因素对区域文化消费会有一定影响。一般情况下，南方省区的居民相对于北方居民而言具有更显著的文化消费的倾向，北方居民在文化消费需求方面更为保守（见表4－1）。

表4－1　　实证计算结果

变量	系数	标准误差	T统计值	P值
截距项	-2.253066	0.449221	-5.015499	0.0000
LNINC（-1）	0.867191	0.050464	17.18421	0.0000
LNEDU（-1）	0.142090	0.015070	9.428706	0.0000
地区虚拟变量	0.082200	0.028673	2.866826	0.0047
加权统计值				
R方值	0.936773	Mean dependent var		7.240251
调整R方值	0.935517	S. D. dependent var		0.662654
S. E. of regression	0.168271	Sum squared resid		4.275593
F值	745.7416	DW值		0.369928
P值	0.000000			
非加权统计值				
R - squared	0.826324	Mean dependent var		7.181616
Sum squared resid	4.306753	Durbin - Watson stat		0.394638

这说明区域文化消费的主导因素是区域收入水平和教育水平，由于区域气候和环境的问题，我国南方和北方地区存在着明显文化水平差异，南方地区居民比北方地区居民具有更强的文化消费偏好。这一结论基本验证了此前的理论假设。地区财政人均文化事业经费未通过显著检验，说明财政文化事业经费在不同地区产生的效果存在差异，在有些地区可能对地区文化消费产生正向影响，在另外地区则可能产生负面影响。这可能与地区财政文化事业经费的投入方式与发展阶段的差异相关联。

第五章

区域文化消费模式

区域文化消费由于约束条件的差异，必然呈现不同特征，为了更为深入地了解不同区域的文化消费特征以及背后的因素，本项研究力求对区域文化消费的特征进行类别划分。

第一节　区域文化消费类别划分标准

不同地区文化消费具有不同特点，但这些文化特点又不同于文化偏好。对不同地区文化消费呈现的特点进行分析概括，对于我们更深入地分析文化消费演化的阶段性与地域性特征具有很重要的意义。部分学者对不同地区的文化进行分析，分析地方文化以及建设特色地方文化的路径。黄倩妮（2010）[①] 对北京、长沙和上海呈现的文化特征进行了概括和总结，认为北京是传统文化的代表，上海具有海纳百川的包容性特征，长沙则具有娱乐至死的市场精神。上述对文化的分类很有价值，对我们很有启发。但是上

① 参见黄倩妮《全球化语境下中国城市文化消费差异研究——以北京、上海、长沙演艺业为视阈》，硕士学位论文，华东师范大学，2010年。

述分类的对象为文化产品，与本研究的对象存在差异，不能作为我们对地区文化消费需求特征进行分类的标准。文化消费需求特征与文化特征有明显区别，文化特征更强调地区文化供给特征，某一地区特别是北京、上海和长沙的文化供给对象不仅仅限于当地居民，而是全国乃至世界各地居民，因此不能将两者混淆，需要基于居民消费的特点，对不同地区文化消费模式进行类别划分。

为了准确地对地方文化消费模式进行分类，我们需要对地方文化消费需求模式的产生机制进行探索。传统对消费类型划分主要是采用水平划分，如温饱型、小康型、富裕型等，主要依托食品等生活必需品在整个消费中的比例来区分。基于前述对区域文化消费需要影响因素的分析，我们认识到区域文化偏好、经济发展水平、教育水平、区域文化设施是影响地方文化消费水平的重要因素，这些因素不仅仅影响到地区文化消费水平，同时对地方文化消费的偏好产生影响。这些因素通过不同渠道对地区居民文化消费水平和结构产生影响，从而形成不同区域的地方文化消费模式。笔者认为，地方文化消费模式可以划分为娱乐型、教育型、潮流型和传统型。

娱乐型指区域经济发展水平一般，但区域文化消费水平较高。这部分地区居民文化消费动力较充足，居民对文化消费情有独钟，或者更喜欢精神需求的满足。一般东北或者南方多数地区属于这样的类型。

传统型指区域经济发展水平一般，居民文化消费水平也较低的地区。这部分地区的居民传统节俭意识浓厚，行为保守，喜欢积累财富，压抑自身的精神需求。很多中部省份具有这样的特征。部分地区的经济发展水平较高，但文化消费与其他地区相比处于落后的位置，这部分地区我们称之为滞后型，造成这种状况的原因可能与消费偏好有关，也可能与传统的观念存在密切联系。

教育型，部分地区教育发达，且有很深的文化积淀。其文化消费水平相对于其经济发展水平要高。从文化消费结构来看，教育类的发展型消费占的比重较高。

潮流型指那些经济发展水平高，文化消费水平也高，且引领国内文化消费风向的部分地区。

上述划分，仅仅提供一个基本的标准和思路，更为清楚地展示不同地区在文化消费需求方面的特征，本研究将采用特定的标准对区域文化消费进行类别划分。对文化消费类型的划分，笔者认为要兼顾整体消费结构和文化消费的内部结构进行区分。

基于这种认知，我们认为地区文化消费模式与区域的初始特征存在密切联系，影响区域文化消费模式的初始条件包括地区经济发展水平、文化基础设施、教育水平、区域文化偏好等。约束条件不同，居民文化消费需求行为特征会存在差异，从而产生不同的文化消费行为模式（见图5－1）。

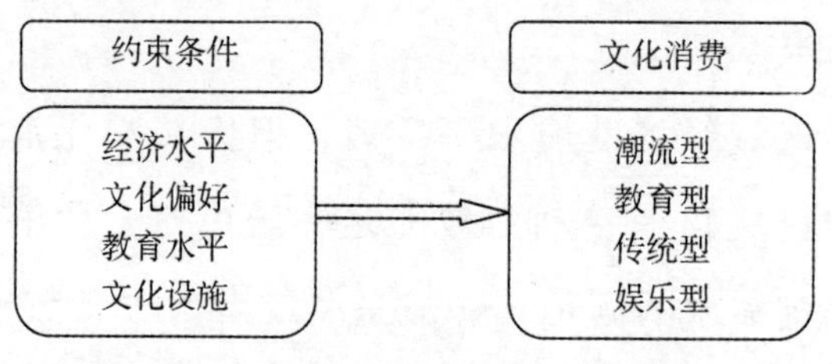

图5－1　区域约束条件与地方文化消费模式逻辑关系

第二节　区域文化消费模式分类

一　数据选取

为了能够更深入地分析挖掘我国地方区域的文化消费的模式，本研究将采用特定的标准对我国特定地区的文化消费行为模式进行分析判断，评价标准基于前述分析的结果，根据各地区地方经济发展水平、教育水平、文化消费结构、文化消费水平对地方文化消费模式进行类别划分。

地方经济发展水平用人均收入数据表示，教育水平用每万人大专以上人口数量表示，文化消费结构用公共文化事业经费投入表示，文化消费水平用人均文化教育支出额表示。由于各地区农村教育水平等方面具有较高的同质性，本研究对象仅限于城市部分，数据均来自地方统计年鉴，原始数据时间跨度 2008—2012 年①。我们首先对各地区历年原始数据求均值，并进行标准化处理，然后进行聚类分析，尝试对各地区的文化消费模式进行类别划分。

二　计算过程与结果

（1）聚类分析。聚类分析是建立一种分类方法，将样品或变量按照它们在性质上的亲疏程度进行分类。常用的聚类方法有：系统聚类法、动态聚类法（逐步聚类法）、有序样本聚类法以及模糊聚类

① 见附录。

法、图论聚类法等。本书采用系统聚类法，系统聚类法是将类由多变到少的聚类分析法，由于样本之间和类之间的距离有多种定义，而这些不同距离定义又产生了不同的系统聚类法，有最短距离法、最长距离法、类间平均链锁法、类内平均链锁法、重心法、离差平方和法，此外还有最大似然估计法和 Y 相似分析法等。这些方法的主要区别在于类间距离及新类与其他类之间的距离递推公式不同，一旦任意两类间的距离算出后，均按距离最小者合并。聚类分析是直接比较样本中各指标（或样本）之间的性质，将性质相近的归为一类，性质差别较大的归为不同类。聚类分析依分类对象的不同可分为两类：对观察样本（观测）的 Q 型聚类和对观察指标（变量）的 R 型聚类。Q 型聚类是对观察指标进行分类处理，可用于了解指标间的关系，对指标进行分类；R 型聚类是对观察样本的分类处理。因为本书的研究目的是对全国 31 个省市进行聚类，所以将使用 L 型聚类方法。

具体计算步骤如下：

第一步，对数据进行标准化处理。设原始数据资料矩阵为

$$X = \begin{vmatrix} x_{11} & x_{12} & \cdots & x_{1m} \\ x_{21} & x_{22} & \cdots & x_{2m} \\ \vdots & \vdots & & \vdots \\ x_{n1} & x_{n2} & \cdots & x_{nm} \end{vmatrix} \tag{5.1}$$

将矩阵中 X 中的元素 x_{ij} 变换为 $z_{ij} = (x_{ij} - \min\limits_{1 \leq j \leq n}\{x_{ij}\}) / (\max\limits_{1 \leq j \leq n}\{x_{ij}\} - \min\limits_{1 \leq j \leq n}\{x_{ij}\})$ $(i = 1, 2, \cdots, p; j = 1, 2, \cdots, n)$，得到矩阵

$$Z = \begin{vmatrix} z_{11} & z_{12} & \cdots & z_{1m} \\ z_{21} & z_{22} & \cdots & z_{2m} \\ \vdots & \vdots & & \vdots \\ z_{n1} & z_{n2} & \cdots & z_{nm} \end{vmatrix} \tag{5.2}$$

第二步，计算直径系数矩阵 D。设 $\{z_1, z_{1+i}, \cdots, z_j\}$ $(j \geqslant i)$ 为一个类，其平均值 $\bar{z}_{ij} = (\sum_{a=i}^{j} z_a)/(j - i + 1)$，直径系数一般用样本变差（离差平方和）$d_i = \sum_{a=i}^{j}(z_a - z_{ij})^2$，则整个矩阵变差为

$$d_{ij} = \sum_{b=i}^{j}\sum_{a-1}^{p}[z_{ab} - z_{a(ij)}]^2, i,j = 1,2,\cdots,n \tag{5.3}$$

因为 $d_{ij} = \begin{cases} 0, & i = j, \\ d_{ij}, & i \neq j, \end{cases}$ 故只需要计算 $n(n-1)/2$ 个 d_{ij} $(1 \leqslant i, j \leqslant n)$ 就可得到整个矩阵 D。

第三步，计算误差函数

$$\psi[p(k,n)] = \sum_{j=1}^{k}(D_{i_j, i_{j+1}} - 1) \tag{5.4}$$

当 n 和 k 固定时，$\psi[p(k, n)]$ 越小，表示类内的离差平方和越小，分类越合理。假定使误差函数达到最小的分法是 $p_0(k, n)$，此时的误差函数是 $\psi[p_0(k, n)]$。

第四步，$\psi[p_0(k, n)]$ 的递推公式。当 $k = 2$ 时要找出一个分界线使全部样本分成两类，$p_0(2, n)$ 是所有可能的分界线中使误差函数达到最小的分法。于是

$$\psi[p_0(2,n)] = \min_{2 \leqslant j \leqslant n}\{\varphi[p_0(k-1, j-1)] + D(j,n)\} \tag{5.5}$$

对 n 施行归纳法，可使递推公式 $\psi[p_0(k, n)] = \min_{m \leqslant j \leqslant n}\{\varphi[p_0(k-1, j-1)] + D(j, n)\}$ 成立。

该式表示 n 个样本分成 k 类的最优分法。

第五步，聚类。首先找出 j_k[①]（最后一个类的样本号），使得 $\psi[p_0(k-1, j_k-1)]+d(j_k, n)$ 达到最小，即 j_k 应满足关系式 $\psi[p_0(k, n)]=\psi[p_0(k-1, j_k-1)]+d(j_k, n)$，然后找出 j_{k-1}，使它满足关系式 $\psi[p_0(k-1, j_k-1)]=\psi[p_0(k-2, j_{k-1}-1)]+d(j_{k-1}, j_k-1)$。以此类推，找出 j_{k-2}，j_{k-3}，…，j_2，$j_1=1$。于是得到分类：

$$G_1=\{j_1,\cdots,j_2-1\},G_2=\{j_2,\cdots,j_3-1\},\cdots,G_k=\{j_k,\cdots,n\} \tag{5.6}$$

（2）利用 DPS 软件进行计算，测算结果如下。发现可以分为五类。

第一类为上海、北京；这两个城市可以归为潮流型，领导着文化消费的潮流和走向。

第二类包括河北省、安徽省、江西省、河南省、湖北省、湖南省、广西、重庆市、四川省、贵州省、云南省共 11 个省市、区；教育型，这些地区的文化消费还处在高度重视教育消费支出阶段。

第三类山西省、吉林省、黑龙江、海南省、陕西省、甘肃省、青海省、宁夏、新疆；这些地方还处于文化消费的传统阶段。

第四类为天津市、内蒙古、辽宁省、江苏省、浙江省、福建省、山东省、广东省；多数为沿海发达地区，处于时尚阶段。

第五类，西藏自治区。

上述分类仅仅做了一个初步尝试，未必准确。

① 参见唐启义《DPS 处理系统：实验设计、统计分析及数据挖掘》，科学出版社 2014 年版。

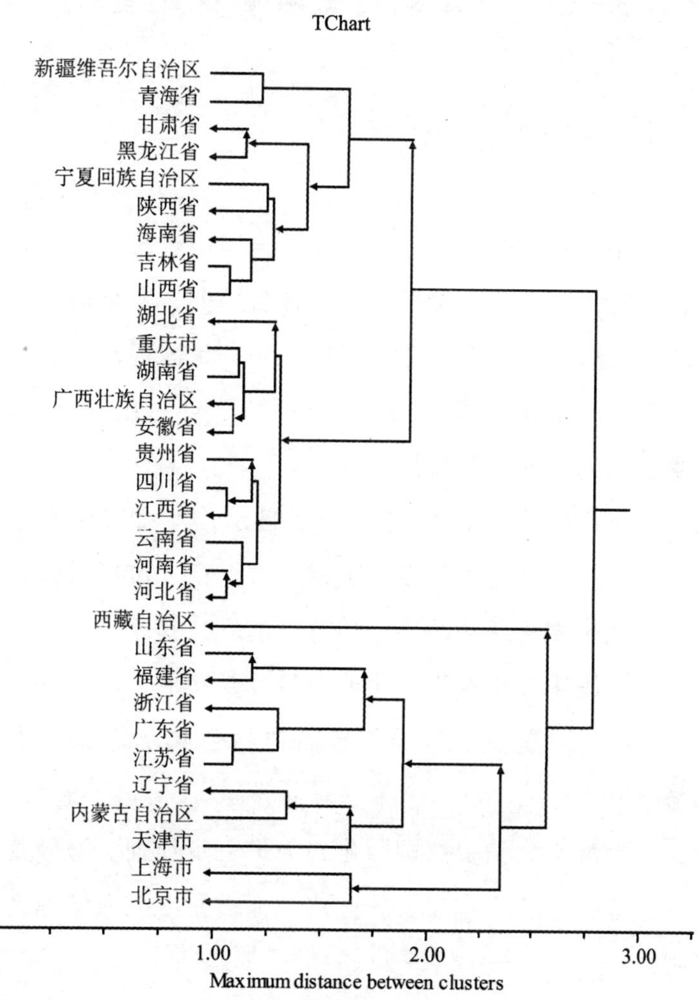
TChart
新疆维吾尔自治区
青海省
甘肃省
黑龙江省
宁夏回族自治区
陕西省
海南省
吉林省
山西省
湖北省
重庆市
湖南省
广西壮族自治区
安徽省
贵州省
四川省
江西省
云南省
河南省
河北省
西藏自治区
山东省
福建省
浙江省
广东省
江苏省
辽宁省
内蒙古自治区
天津市
上海市
北京市
1.00
2.00
3.00
Maximum distance between clusters

图 5-2　聚类分析谱系

第三节 区域文化消费模式案例

一 领风气之先的上海

上海文化消费综合指数、能力指数全国排名第一，文化消费环境指数排名第二，文化消费意愿指数排名第七，文化消费水平指数排名第八。上海文化消费领全国风气之先，是国内新型文化产品消费的引领者。在消费需求多元化、国际化、自主化方面表现突出，具有中国文化消费窗口的特征。

根据上海市统计局2012年的调查显示，上海市民文化消费支出中排名前三位的是外出旅游、上网、看电视。市民对阅读、泡图书馆、参加社区文化活动的兴趣相对冷漠。究其原因一方面是空闲时间少，追求娱乐放松成为文化消费的首要动机，社区活动的大众性和趣味性缺乏，健康、高雅、有品位的公共文化消费生态有待建构①。

其一，上海文化消费的国际化趋势进一步加强。海外优秀文化产品大量引进，中外合作投资的火热，都彰显出上海国际文化大都市的风貌。

上海国际电影节影响力越来越大。第十六届电影节推出影展片目质量、内容都有大幅度提升，影响力越来越大。参演阵容强大，竞赛单元设计丰富。除金爵奖和亚洲新人奖传统竞赛单元外，还设

① 参见葛红兵、高翔、徐畅等《创新、升级与培育——2013上海文化消费报告》，《科学发展》2014年第3期。

置有向大师致敬、官方推荐、聚焦中国、经典再现、多元视角、触摸3D、地球村、MIDA纪录片、电影短片展映等多个单元。据上海电影节官网显示，在电影节期间9天内，上海26家指定影院35个影厅共展映800多个场次，观影人数达30多万人次，平均上座率80%以上。各种专题影展活动及主创见面会举办100多场。电影交易市场共有参展机构及公司819家，其中境外展商比例达到42%。海外展商包括亚洲、欧洲、南北美洲以及第一次参展的大洋洲等机构。电影交易市场共吸引106个国家和地区的2718名注册买家，开幕酒会不仅有好莱坞六大公司悉数到场，欧洲重要的发行公司也纷纷参与。另外，电影项目市场共收到224个项目报名，8个项目入围中国电影项目创投，21个项目入围合拍项目，29个项目吸引735位买家。

上海国际艺术节更具魅力。根据上海艺术节的官网统计，2013年10月18日—11月18日为期一个月的上海国际艺术节中，来自42个国家以及全国各省市包括港、澳、台地区的100多个演出团体、3000多名艺术家带来了47台剧目、130多场演出，近15万观众走进剧场饱享艺术盛宴。全部演出平均出票率达92%，上座率近90%。上海艺术博览会有来自美国、德国、意大利、法国等15个国家的143家优秀画廊参展，展出数千件国画、油画、雕塑、版画、影像、装置、陶瓷等艺术品，其中不乏凡高、席勒、达利、赵无极、朱德群、颜文梁等中外著名艺术大师的名作。本届艺博会观众人次超过6万，成交量突破1.4亿元。

其二，新兴文化消费快速增长。上海市新闻出版局发布的上海市民阅读状况调查分析报告显示，在上海市民首选的阅读方式中，传统的纸质阅读仍然占有优势，比数字阅读高出13.8%，但两者的差距逐年减少。这显示出在纸质阅读仍占优势的背景下，数字阅读在快速增长。卡通动漫消费快速增长。由卡通动漫卫视参与主办的第一届上海卡通总动员活动，在2005年夏天，创造了5000平方米展厅日均流量2万人次、总参观人数10万人次、门票收入60万元的动漫展之最，在上海掀起动漫热潮。出境游大幅增长，上海出境游增长迅速，2013年1—2月，上海出境游客达到28.27万人。2013年同比增长42.35%和30.99%。

体验式消费备受青睐。科技和文化融合的3D照相、3D试衣服、5D电影、概念书店、私人电影，已经成为新型的消费模式。有氧运动塑形成为市民的消费热点，游泳馆、舞蹈工作室、瑜伽馆是深受人们喜爱的运动场所。

上海文化消费的上述特征，源于上海的经济中心地位，这一地位使其集中了一批先导型消费群体和中等收入阶层。先导型消费群体由金融家、企业家、高级管理者、演艺界知名人士等群体构成，追求精品化、个性化的文化消费，倾向于奢侈品、定制服务。这批群体使上海成为全国文化消费的引领者。中等收入阶层大概占城市人口的40%，倾向于选择旅游、教育投资和休闲等文化消费方式，对整个社会文化起到示范引领作用，是上海文化消费的主力。

二　融合传统与现代的北京

与上海相比，北京文化消费更具多元性，将传统和现代高度融合。北京既是全国最大的艺术和文化娱乐中心，也是外国文化进军中国的桥头堡。在北京的演出市场，高雅与通俗互为映衬，“洋文化”与“土文化”交相辉映。在北京文化市场上无论代表洋文化的明星演唱会、古典严肃的歌剧、交响乐，还是本土文化的京剧、昆曲、相声，都不乏上佳的市场表现。

与其他城市相比，北京居民对中国传统文化更具热情。2009年，北京全年的文艺演出中，戏曲、曲艺、民族音乐会、古典歌舞表演等展现中国传统文化和民族文化的演出活动多达118种，占所有演出种类的32.18%。2003年起郭德纲开始走红，北京部分居民重新拾起上茶馆听相声的老习惯。在粉丝的追捧下天桥德云社茶楼几乎夜夜爆满，在大场馆大剧院举办相声演出的票房收入也一路上扬。在德云社成立10周年时，郭德纲策划了为期一周的连续演出，共计6场，净挣100多万元。从2009年5月开始的“郭德纲从艺二十周年”系列演出，专场最高票价绝大部分都达到千元以上。12月24日举行的“圣诞相声喜乐会”，最低票价1800元、最高8800元。面对如此高的票价粉丝热情丝毫不减，每场演出的上座率几乎达到100%[①]。

皇家粮仓厅堂版《牡丹亭》则代表了传统“雅文化”的回归，自2007年首演以来，5年间演出逾600场，接待观众4万余人次。皇家粮仓的厅堂版《牡丹亭》被认为是传统戏曲在市场化运作上的一次成功探索。根据北京市演出行业协会统计，2013年以人民大会堂为代表的大型演出场馆平均票价523元/张，以国家大剧院为代表的多功能综合剧场的演出平均票价为260元/张。

文化消费方式趋向网络化、科技化。随着信息技术的快速发展，足不出户的网络参观游览、网络阅读、在线观看最新影视作品等网络文化消费方式正对传统文化消费方式提出巨大挑战。此外，

① 参见黄倩妮《全球化语境下中国城市文化消费差异研究——以北京、上海、长沙演艺业为视阈》，硕士学位论文，华东师范大学，2010年。

文化资源与科学技术的不断融合使得居民文化消费的感官体验大幅提升，利用游戏机在室内模拟各种球类运动等也让文化消费从传统的单一形式进入全新的互动式、体验式阶段[①]。

第一，文化产品和设施日趋丰富、完善。得益于文化事业和文化产业的快速发展，北京居民可获取的文化产品和文化资源日趋丰富。从传统的电视、广播、报纸杂志到现今的互联网、影视戏剧作品、各种旅游休闲娱乐项目及众多运动健身场馆，极大地丰富了居民的文化生活。2012 年，北京城乡居民家庭每百户拥有计算机 112 台和 67 台，分别比 2005 年增长 25.8% 和 86.1%；互联网宽带接入用户数达到 572 万户，比 2005 年增长 1.5 倍；全市拥有各类职业技术培训机构 3711 所，比 2005 年增长 14.4%；电影放映 120 万场次，接待观众 3954.6 万人次，分别比 2005 年增长 4.3 倍和 3.5 倍；旅行社 1021 家，比 2005 年增长 5.9 倍[②]。

第二，文化消费内容日益多元化。近年来，旅游、健身等文化消费快速兴起，从而大大丰富了原本多元化的文化消费。2008—2013 年，城镇居民人均团体旅游和健身活动年均增长 21.5% 和 18.5%；农村居民人均旅游消费支出年均增长 21.8%，均明显高于消费性支出增速。调查结果显示，除传统的看电视、读书看报和游览公园外，网络文娱活动和外出旅游已经成为北京居民文化消费的主要内容，而看电影、去 KTV、参观展览和运动健身等也逐步走进居民文化生活。

近年来，北京城乡居民人均文化消费支出占人均消费性支出比重分别在 15% 和 9% 左右，与发达国家相比并无差距。但从文化消

① 参见葛红兵、高翔、徐畅等《创新、升级与培育——2013 上海文化消费报告》，《科学发展》2014 年第 3 期。

② 参见周冲《北京居民文化消费调查》，《前线》2014 年第 4 期。

费支出内部结构看，教育支出占比仍然较大，文化产品和服务支出占比与发达国家仍有差距。2013 年，北京城乡居民文化产品和服务支出占文化消费比重分别为 73.1% 和 61.3%，美国、日本等发达国家的比重在 80% 左右，相差近 10 个百分点。

北京居民对旅游消费的热情远远高于其他类型的文化消费，特别是对远郊旅游情有独钟，出游意向地为“北京远郊区县旅游景点”的被访者比重达到 43.2%，其次为“北京以外的国内城市”和“北京城区的自然景点”。[①]

① 参见周冲《北京居民文化消费调查》，《前线》2014 年第 4 期。

第 六 章

区域文化产业发展与文化消费

本章首先对文化产业的发展状况和区域文化消费状况进行描述概括，分析区域文化消费与文化产业发展的关系，并采用数据对区域文化消费和文化产业之间产生的互动效应进行初步测算。

第一节　区域文化产业发展状况

一　文化产业分类与特征

（一）文化产业的分类

1. 文化产业的界定

文化是一个内涵与外延都非常广的概念，文化不是一种物质，但它的传播和延续需要借助于特定物质作为载体。文化的载体可分为直接载体和间接载体。语言、文字、声音、形状、图像、行为动作等及其组合方式属于文化的直接载体。借助于观察文化的直接载体，我们能理解感知文化的内涵。通常所说的文化产品属于文化的间接载体，比如报纸、书籍、光盘等，是文化直接载体的载体。文化产品的生产和加工包括两个阶段，即精神生产环节和物质生产环节，精神生产环节是以创造性的脑力劳动为主，属于文化创作阶段；物质生产阶段则是文化产品的复制或再生产阶段。

文化产业很早就为学术界所关注，大致已有半个世纪的历史，但是至今并没有形成统一的定义，甚至连统一的称谓也没有。由于历史和文化背景的差异，各国政府部门和学者对“文化产业”的理解存在明显不同。因此，文化产业在很多情况下又被人称为“文化工业”（cultural industries）“创意产业”（creative industries）“内容产业”（content industries）“版权产业”等。

“文化产业”一词最早出现在法兰克福学派学者阿多诺与霍克海姆（1947 年）合著的《启蒙辩证法》一书中。其内涵与我们现在所谓的大众文化相近，着眼批判由于工业化发展引致的文化的大众性及其衍生的娱乐功能，强调文化的教育和启蒙功能。严格来说，他们的批判针对的是传统意义上的文化教育，并非一般意义上的文化。随着经济社会的发展变化，社会各个方面对文化产业的认识更为深入，出现了更多的观点和看法。国内外对文化产业的界定，其内涵存在明显差异，因国家或研究者的不同有所区别。胡惠林（2001）① 从文化角度对文化产业进行了定义，认为，文化产业是一个以精神产品的生产、交换和消费为主要特征的产业系统。Lawrence, T. B. 和 Phillips, N. （2002）② 认为文化产业是从事意义生产和销售的产业。斯科特（Allen. J. Scott）（2004）③ 认为文化产

① 参见胡惠林《我国文化产业创新体系的若干问题》，《学术月刊》2001 年第 11 期。

② Lawrence, T. B., Phillips, N., “Understanding Cultural Industries”, *Journal of Management Inquiry*, 2002, 11 (4): 430 - 441.

③ Scott, A. J., “Cultural - Products Industries and Urban Economic Development: Prospects for Growth and Market Contestation in Global context”, *Urban Affairs Review*, (2004a), 39 (4): 461 - 490.

业是指基于娱乐、教育和信息等目的的服务产出和基于消费者特殊嗜好、自我肯定和社会发展等不同目的的产品集合。这些定义着重强调了文化产品的精神范畴，没有涵盖具有文化含义的文化用品的生产，缩小了文化产业的范围。部分学者则从产业角度来界定文化产业。英国曼彻斯特大学的贾斯廷·奥康纳（Justin O'connor）(2000)[①] 认为，文化产业就是指"以经营符号性商品为主的那些活动，这些商品的基本经济价值源于它们的文化价值"。这里把文化产业的产出认定为"符号性商品"，无疑扩大了产业范围。尼古拉斯·加纳姆（Nicholas Garnham）（2005）[②] 认为文化产业指那些使用同类生产和组织模式如工业化的大企业的社会机构生产和传播文化产品和文化服务的活动。这一概念从"生产和组织模式"的角度将文化产业等同于一般工业，模糊了生产和组织活动的边界。李江帆（2003）[③] 认为，文化产业就是国民经济中生产具有文化特性的服务产品和实物产品的单位的集合体。这个定义采用了产业的概念，但仅仅对生产环节给予了重视，忽视了构成产业活动的诸如流通、销售等环节。这些学者对文化产业内涵的界定，彼此不尽相同，但都认同文化产业就是以工业化、产业化方式进行文化产品的生产，并通过市场机制实现产品的流通和价值的实现这一基本判断。学者们从不同的方面对文化产业进行的总结和概括，为我们更好地理解和把握文化产业奠定了理论基础。

世界各国根据自身的产业发展特点和产业发展战略，从国家角

---

① O'Connor, Justin, "The Definition of the 'Cultural Industries'", *The European Journal of Arts Education*, 2000, 2 (3): 15－27.

② Nicholas Garnham, "From Cultural to Creative Industries", *International Journal of Cultural Policy*, 2005, 11 (1): 15－29.

③ 参见李江帆《文化产业：范围、前景与互动效应》，《经济理论与经济管理》2003 年第 4 期。

度对文化产业进行不同界定。日本政府将文化产业统称为娱乐观光业。英国政府从强调人的创造力和文化艺术对经济的贡献的角度将文化产业称为创意产业。法国政府从产业和政府关系角度对文化产业进行了界定，认为文化产业是传统文化事业中具有可进行大力扶植特征的部分。美国政府没有对文化产业进行专门界定，但一般认为“文化产业”大体与其娱乐产业或版权产业相近。我国政府对于文化产业也没有进行专门界定，但有关行政部门与学术界都对其内涵进行了研究。2000 年 10 月，党的十五届五中全会通过的《中共中央关于制定国民经济和社会发展第十个五年计划的建议》中开始使用“文化产业”这一概念，并与“文化事业”进行了区分。2001 年，全国政协和文化部对文化产业发展进行了联合调查，调查组界定了文化产业的内涵，认为文化产业是“从事文化产品生产和提供文化服务的经营性行业”。在中国共产党十七届五中全会上，中央提出了加快发展文化产业的战略目标，从更高层面确立了文化产业在国家经济社会发展进程中的战略地位。目前国内学者对文化产业的研究，多数采用了 2004 年国家统计局制定的《文化及相关产业的分类》所确立的标准。该分类办法认为文化产业是指为社会公众提供文化、娱乐产品和服务的活动，以及与这些活动有关联的活动的集合。

2. 文化产业的分类

目前，各个国家在文化产业的名称、类别划分以及内容等诸多方面存在差别，但对文化产业的基本属性的认识则存在共识，认为这一产业具有文化和经济相结合的根本特征，彼此分歧集中体现为某一具体行业的归属。

国家统计局《文化及相关产业分类》将文化产业分为九大类：（1）新闻服务；（2）出版发行和版权服务；（3）广播、电视、电影服务；（4）文化艺术服务；（5）网络文化服务；（6）文化休闲娱乐服务；（7）其他文化服务；（8）文化用品、设备及相关文化产品的生产；（9）文化用品、设备及相关文化产品的销售。另外，为了满足文化体制改革研究的需要，又将上述九个类别划分为核心层、外围层和相关层三个层次，核心层包括（1）—（4）四个类别，主要反映传统意义上的文化产业；外围层包括（6）—（8）三个类别，主要反映改革开放后发展起来的文化产业；相关层包括（8）、（9）两个类别，主要反映相关文化服务，这是文化产业的延伸，见《附录》。

（二）文化产业的特征

作为一个产业门类，文化产业具有一般产业所具有的共同属性，但作为文化与经济的集合体，文化产业也具有一定的特殊性，兼具文化与经济双重属性。具体而言，文化产业的特殊性包含了两个方面：一是文化产业与文化事业之间的差异；二是文化产业与一般产业的差异。概括起来文化产业有四大特征：营利性、公益性、原创性、知识性。

（1）营利性。营利性是文化产业区别于文化事业的地方，文化产业与文化事业不同，其提供的产品和服务必须面向市场，经过商业化运作，接受市场的检验。

（2）公益性。文化产业具有意识形态特征，这也就决定了文化产业必须承担更多社会责任。文化企业在追求经济效益的同时必须担负社会责任，要兼顾社会效益和经济效益，不能一味地追逐经济收益而疏忽社会效益。

（3）原创性。文化产业发展的核心和关键是文化内容的生产，文化内容的竞争力取决于其是否具有独特的创意，创意具有不可重复和替代的特点。

（4）知识性。文化产业具有知识特征，可以向公众提供各种类型的知识产品和服务，满足人们对于文化消费的需求。

（三）文化产业的战略地位和作用

文化产业是国家经济和社会发展的基础产业之一，是综合国力的重要标志，同时还是文化发展的重要途径，对一国的文化发展具有重大影响。文化产业是国民经济的新增长点，是未来经济发展的重要组成部分，具有重要的战略意义。因此，中共十七大将文化的发展繁荣提到战略高度。文化产业的巨大战略作用，主要由文化产业的下述特点所决定。

其一，外部性特征突出。文化产品与一般产品不同，既具有商品属性，同时又具有鲜明的意识形态属性；既产生经济效益，同时也产生社会效益，文化产业具有的意识形态属性，是其区别于其他类型产业最根本的特点之一。意识形态属性是作为以内容生产为核心的文化产业所固有的特征，其表现形式在不同国家或者不同发展阶段会有所差别，但其本质属性并不会随着国别、社会形态的变化而改变。因此不管哪个国家生产的文化产品，也不管什么时期生产的产品，只要产品是以内容为核心，就必然蕴含着一定的道德标准、行为准则以及价值取向和精神追求等，也必然内在地隐含着对特定时期的政治、经济、社会、文化的解读和价值判断。

文化产业的意识形态属性，决定了其明显的外部特征，而且这种外部特征不仅表现在经济领域内，同时还反映在政治、社会、文化等诸多领域。文化产业发展对社会产生的外部性既可以为正也可以为负。嵌入文化产品内的道德观念和行为准则，会潜移默化地改变受众的价值取向和行为观念，引起社会观念的变化。因此，文化企业生产和传播内容积极向上的产品，不仅可以娱乐大众，满足人们的精神生活需要，而且可以传承历史文化、凝聚民族精神，塑造良好的社会风尚，推动整个社会的良性健康发展；反之，生产和传播内容消极颓废、恶俗的文化产品，则会诱发受众的价值错位、思想混乱等，造成社会的价值观扭曲、秩序混乱等后果，影响社会的稳定和发展。同时，文化产业所具有的意识形态属性，又决定了其发展状况与国家的文化主权和文化安全存在密切联系。在国际化的背景下，文化产品跨国的流通与交流越来越频繁，范围也越来越广，外来文化产品对受众价值观的影响也越来越明显，因此国家文化安全问题日渐凸显。在当前，以美国为代表的西方发达国家，文化产业高度发达，借助强大的资本和技术力量生产很多具有较高观赏价值的文化产品，通过文化贸易等多种形式，向其他国家输出和倾销，对他国的思想文化领域进行渗透和影响。这些外来文化的输入和传播既有积极影响，也有负面效应，一定程度上满足了群众精神文化需求，也对我国的文化安全产生严重威胁和挑战。

其二，文化产业具有低碳可持续的特点。从资源消耗和对环境影响的角度来看，文化产业与一般的经济产业相比，其物质资源消耗低，对环境污染小。文化产业的核心在于内容生产，其产业的发展很大程度上依赖于高素质智力资源的投入，并非一般经济产业所依赖的能源和资源投入。文化产业发展所依赖的文化资源是不会枯竭的。文化产品在消费方面体现为一种精神消费和体验消费，其消费过程中没有三废排放，基本上不会对空气、水源等造成污染，也不会对景观、植被产生破坏性影响。当然文化产业中也包含部分制造业，这部分产业可以依靠不断提升文化含量和创意设计水平来提升其附加值，从而减少对能源和资源的消耗，不断降低外部排放水平，减少对外部环境的破坏性影响。因此，文化产业比一般产业物质资源消耗更低，对环境污染更小。文化产业的产品需求不会由于经济社会的发展而降低，相反会随着经济发展持续扩张，随着人们生活水平的提高，人们对精神生活的追求更为迫切。从这个意义上来讲，文化产业是最符合可持续发展要求的产业。

其三，产业关联度较高，对其他产业具有较强的带动作用。文化产业具有较高的产业关联度，它通过不同的机制和渠道与国民经济各个产业部门发生联系，相互融合渗透，正在形成以文化内容为纽带、关联度日益密切的庞大产业链和产业集群。

文化产业与工业、农业等传统产业关联度日益增强，不断提升其文化内涵和产品价值。文化与农业结合渗透，可以形成观光农业、体验农业等，提升农业文化含量，开辟新的消费需求。文化产业对制造业的影响主要体现在下述两个方面。第一，文化产业可以为产品设计提供新的创意，如通过改变产品的外观设计等手段赋予其新的内涵和意境，以提升产品的吸引力等。第二，不断涌现的文化内容需求为电子产业的发展提供新的方向，助推制造业的升级改造。如互联网、通信产品以及广播电视相关产品制造业的发展扩张都是与文化内容的需求高度联系的。文化产业对服务业的带动，主要体现在旅游产业中，旅游成为文化消费的有效载体。以历史文化遗迹、自然景观等资源为依托的文化消费需求，对交通、住宿、餐饮等旅游相关产业产生了巨大拉动作用。文化产业影响力系数呈逐年增加趋势，对其他产业的撬动能力大幅增加，其中网络游戏产业对相关产业的拉动效果最为典型。如 2010 年中国网络游戏市场实际销售收入达到 323.7 亿元，相比 2009 年增长了 26.3%；以此为依托，电信业务由此产生的直接收入达 405.2 亿元，比 2009 年增长了 9.78%，为网络游戏市场实际销售收入的 125%；IT 行业由此产生的直接收入达 140 亿元，比 2009 年增长了 9.72%，占网络游戏市场实际销售收入的43.2%，此项收入的主要来源是个人计算机、网络游戏服务器、网络及存储产品、软件及服务等；出版和媒体行业由此产生的直接收入达到86亿元，比2009年增长了47.8%，其主要来源是相关网络媒体的广告销售收入。可以说，文化产业的发展，其意义不仅局限于产业本身，而且会为其他产业的发展和品质提升创造条件[①]。

其四，文化产业创新特征突出，高风险与高收益并存。文化产业的生产包括载体的生产和内容的生产两个部分。载体的生产与其他产业产品的生产没有明显区别，也是按照特定的工艺流程进行加工，生产出标准化的产品。内容生产则不同于载体生产，它是一种个体化生产，呈现出独创性的特征。其独创性的特征源自于创作者独特或特定情境下的情绪和观点表达，从而向受众提供与其他同类产品不同的精神体验，这也是文化产品价值的根源。文化产品只有激发多数受众的情感体验认同，才能为大众理解和接受，从而赢得市场份额，获取经济回报。因此，与一般经济产业相比，文化产业对产品原创性有更高要求，“创意为王”的特征十分突出，在很多国家都将文化产业视为创意产业，这也说明了创意对于文化产业发展的重要价值和功能。可以说，发展文化产业最忌简单模仿和抄袭，其生命力的保障是持续创新。

根据微笑曲线理论，企业提供的产品和服务只有具有高附加值，才能具有获利的潜力；产品和服务要持续保持高附加值，企业才能具有持久的竞争力，在产品和服务生产的过程中，价值增值幅度高的区域是位于价值链两端的研发和市场。文化产业实际上是一种创

① 参见戴钰《文化产业空间集聚研究——以湖南地区为例》，博士学位论文，武汉理工大学，2012年。

意产业、内容产业，文化消费在很大程度上是服务消费、体验消费和品牌消费，因此文化生产的核心是内容的生产和品牌的塑造。

从生产成本的角度来看，文化产品与一般物质产品存在很大区别，相对而言其边际成本的下降更为明显。文化产品的生产成本包括物质载体生产和内容生产两个方面，其中内容的生产成本在总成本中占有的比例相当大。内容生产具有初始成本高、复制成本低的特点，其成本与生产数量成反比。内容在生产中不会消耗，而将在不断重复、复制过程中增殖。因此，以内容产业为主要构成要素的文化产业，一方面其附加值和收益率较高；另一方面由于精神需求的较高不确定性，使其具有较大的风险。文化产品旨在满足人们的精神需求，其需求具有很强的选择性和可替代性，需求弹性很大。文化产品的供给与需求与其他产品一样受到市场机制、供求关系的影响，但同时又具有其自身的生产规律和价值标准，在文化产品交易过程中，往往也会出现价格与价值相互背离的情况。如某一种在市场上受到追捧的文化产品，很可能其艺术价值并不高，只具有较高的娱乐作用；而某些具有高艺术价值的文化产品，很可能由于营销、包装和认同缺乏等原因，在一段时期内受到市场冷落。总的来说，由于市场前景难以预测的特点，文化产业与其他产业相比，风险性更高。

二　我国文化产业发展状况

改革开放30余年来，尤其是十七大以后，国家陆续出台了一系列支持文化产业发展的政策措施，在国家文化产业政策的引导扶持下，我国文化产业出现了快速发展的良好局面。

随着中国经济持续高速增长，人们精神文化需求更加旺盛，文化消费进入了快速增长期。文化产业的快速发展，较好地满足了人民群众日益增长的精神文化需求，而且有力地推动了国民经济的快速发展。据统计，2013 年我国文化及其相关产业的机构数为 292884 个，比上年下降 1.1%，从业人员数为 2154948 人，比上年增长了 2.7%，显现出我国文化机构的合并壮大趋势；其中内资机构占 99.9%，我国目前文化产业主要还是内资企业，外资数量极少。

表 6－1　　　　　　我国文化事业发展状况

类别	具体事项	单位	2012 年	2013 年
机构和人员	机构数	个	296083	292884
	从业人员数	人	2098095	2154948
文化投入	文化事业费	亿元	480.10	530.49
	人均文化事业费	元	35.46	38.99
公共图书馆	机构数	个	3076	3112
	总藏量	万册	68826.47	74896.05
	总流通人次	万/人次	43437.20	49232.00
群众文化	机构数	个	43876	44260
	#文化站	个	40575	40945
	举办展览	万次	11.48	13.82
	组织文艺活动	万次	68.85	74.06
	举办训练班	万次	38.72	39.08
艺术表演团体	机构数	个	7321	8180
	演出场次	万场次	135.02	165.11
	#农村演出场次	万场次	81.16	105.07
	国内演出观众人次	万/人次	82805.09	90064.25
	#农村观众人次	万/人次	52102.43	52973.44
	演出收入	万元	641480	735532
艺术表演场馆	机构数	个	1279	1253
	演（映）出场次	万场次	7.19	4.94
	艺术演出总收入	万元	44454	40022

续表

类别	具体事项	单位	2012 年	2013 年
文化市场	机构数	个	231132	226584
	从业人员数	个	1416028	1451818
	营业收入	万元	10337954	13665714
	营业利润	万元	3559842	3657410
文物业	机构数	个	6124	7737
	总藏品	件/套	3505.48	3840.81
	参观人次	万/人次	67059	74706

资料来源：《中国文化文物统计年鉴 2012》《中国文化文物统计年鉴 2013》，国家图书馆出版社 2012、3013 年版。

文化产业中规模最大的文化行业是文化休闲娱乐服务，它包括娱乐场所和网吧，它的各个指标都位居第一，反映了我国居民目前文化娱乐消费需求旺盛，市场较大。文化艺术服务包括文艺创作与表演、艺术表演场馆和其他文化艺术，该行业的机构数量和就业人员数量均排名第二；我国现在各地区剧团增多，大型歌舞、杂技、戏剧表演受到观众的欢迎，也吸引了大量人才进入该领域。网络文化服务的资产总计 887.5 亿元，年营业收入 559.7 亿元，均排名第二。

（1）一批文化产业骨干企业茁壮成长起来。

为增强微观活力，加强区域特色文化产业群建设，文化部先后命名了 137 家国家文化产业示范基地。各省市评出 468 个省级文化产业示范基地。各个示范基地发展良好，有效地发挥了示范、辐射和带动作用。为引导文化产业向规模化、集约化、专业化方向发展，充分发挥集聚效应，文化部先后命名了 4 家文化产业示范园区。深圳华侨城集团依托锦绣中华微缩景区，打造了系列主题公园，整合文化、旅游、娱乐、休闲、体育及购物等多种功能，形成面积达15平方千米的示范园区。西安曲江则依托历史文化资源，打造中国唐文化展示区。曲阜文化产业园则着力开发以孔子文化为核心的产品和服务。沈阳文化产业开发公司也依托区域文化，开发特色文化产品。这些产业园区都获得了极大的发展。

（2）新兴文化产业发展迅猛。

近年来，我国阿里巴巴、网易、京东商城之类的网络科技公司等新兴文化产业发展态势良好，资产增长迅猛。新兴文化产业主要是指由于科技进步，特别是以互联网为代表的新一轮信息技术与文化融合催生的与传统文化产业不同的文化行业和新型业态。新型业态是对既有传统产业的替代、补充，或者是原有基础上的拓展，大量具有良好发展前景的新兴文化产业产生标志着文化产业结构的升级。新兴文化产业既可能表现为新技术与传统产业的融合，也可能是新技术催生的以前未出现的文化产品和服务。伴随着新型文化产业的发展，在初期旧的文化产业结构开始解体，传统文化产业和新兴文化产业纵横交融，出现网状的文化产业结构。到后期旧的低级的文化产业逐渐被淘汰，新的高级的文化产业不断产生，新的文化产业结构形成，产业结构的变迁和升级逐渐完成。三网合一、电子出版和数字娱乐等新技术的出现，对文化产业发展方向产生了深刻影响，从内容到结构对文化产业进行重塑，围绕着创造、生产、流通、消费等多个环节进行全面整合。从内容角度来看，游戏、动画、影像、短信、网络游戏等新的文化产业群将形成主流，传统的报刊、出版等将不断萎缩，让出更多领地和范围。从形式上来看，随着高新技术如3G、CMMB等广泛介入文化产业领域，文化产业将进入一个业态创新和商业模式创新的时期，形成新型的文化业态。

在我国文化产业与信息技术以及其他产业的融合早已显现，在某些领域已经如火如荼。以文化为核心价值的产业链延伸是文化产业和其他产业之间融合的关键。旅游、体育、信息、物流和建筑等相关产业都可以凭借文化开发、文化交流和传播，生产新产品、提供新服务和衍生新业态，从而扩张产业边界，扩大市场规模。文化与其他产业的融合可以在更大的范围内优化配置相关产业的信息、物流等资源，多层面、多角度提高资源使用效率，也使得文化产业链获取新的竞争优势和新的形态。文化产业和其他产业之间的融合不仅可以最大化文化的内在价值，更可以内嵌其他相关文化产品和服务，为文化产业链的向下延伸和空间扩展创造有利条件。

文化产业与其他产业的融合在旅游业比较典型，很多旅游景区都在试图依托文化遗产，整合历史文化资源，塑造景区文化形象，这种文化与旅游相融合的发展模式为经济发展和文化传承做出了重要贡献，但也普遍存在对文化挖掘程度不够、创意肤浅、低水平重复建设的问题。其原因在于开发者重视短期投资回报，忽视对文化资源深度发掘与保护，没有处理好文化和产业间的关系，这导致二者深度融合不够，脱离融合发展内涵。技术与文化产业的融合在传媒领域有典型表现。数字技术与互联网技术的快速发展推动了传统报刊、图书与手机、互联网、阅读器等新旧媒体间多层面互动组合，持续改变着传媒业态。新旧媒体间的互动组合，并不是简单的技术应用，既是科技与媒体的融合，也是多个媒体间资本、组织机构与组织战略的深度融合。

（3）大型文化企业不断涌现，逐渐成为引领文化产业发展的主力军。

文化企业并购重组事件将不断增加，会产生一批能够引领我国文化产业发展方向的大型文化类企业。企业是文化产业发展的主体，是文化发展的实施者。优秀企业依靠其敏锐的市场反应能力，灵活的经营机制，卓越的创新力，成为文化发展的重要引擎。近年来，世界文化类企业经历了一轮大规模的重组浪潮，通过并购等方式进行了大规模的产业整合，形成了诸多跨国集团，如时代华纳、福克斯、贝塔斯曼、迪士尼等跨国公司。在我国，文化体制改革步伐加快，长期以来制约产业发展的行业垄断和壁垒不断被打破，外来资本、社会资本、民间资本对我国文化产业发展的前景寄予厚望，投资意愿强烈，文化产业类企业将逐步成为资本市场和股权投资关注焦点。同时，政府出台一系列政策措施，着力做大做强文化类企业。2006 年 1 月，党中央、国务院《关于深化文化体制改革的若干意见》中指出，要“重点培育发展一批实力雄厚、具有较强竞争力和影响力的大型文化企业和企业集团，支持和鼓励大型国有文化企业和企业集团实行跨地区、跨行业兼并重组，鼓励同一地区的媒体下属经营性公司之间相互参股”。随着文化产业发展速度的加快，文化类企业间的重组、并购活动更加频繁和活跃，文化企业集团化的趋势越来越明显[①]。我国文化产业领域开始形成若干较大规模的企业集团，同时出现跨媒体、跨行业、跨地区甚至跨国的集团公司，这些公司将利用其在人才、资源、文化、创意以及资金等方面的优势，对我国文化产业发展发挥引领作用。

第二节 区域文化消费与区域文化产业发展的关系

文化产业以满足人们日益增长的精神文化生活的需要为目的，

① 参见林东生《论文化消费增长与文化产业发展趋势》，《东岳论丛》2011 年第 5 期。

本质上是精神生产，其产品和服务是以物质产品为载体的精神产品和服务。文化消费与文化产业之间的关系比较复杂，与其他产业和消费之间的关系不尽相同，存在自身特点。

一 文化消费对文化产业发展的影响

（一）文化产业的产生与发展依赖于文化消费需求

文化消费对文化产业资源配置发挥导向作用。消费需求决定生产，消费成为产业发展的源泉。文化消费需求带动文化经济发展，起着导向和拉动作用。文化消费是文化产业生产和再生产的最终环节，对文化产业资源配置和供给发挥导向性作用，引导文化产业结构随着人们需求结构的变化而变化。消费需求是指消费者对以商品和劳务形式存在的消费品的需求和欲望。按照世界各国的经验，人均 GDP 超过 3000 美元，文化消费会快速增长；接近或超过 5000 美元，文化消费则会出现井喷。中国人均 GDP 自 2008 年起达到 3000 美元，2011 年达到 5000 美元。可见，文化消费是未来消费增加的热点，也是推动居民消费结构升级的关键，但目前我国居民文化消费仍处于较低水平。[①] 当经济发展到一定阶段后，人民的收入结构会发生大的变化，收入水平快速提高，这种变化会进一步带来需求结构的变化，基本消费品之外的其他消费快速增加，相关行业得以迅猛发展和提高，消费需求成为整个经济可持续发展的动力。我国文化消费演化变迁的过程也证明了这一规律的有效性。21 世纪以来，随着经济的发展和收入水平的提高，我国文化消费已经开始进

① 参见吴石磊《中国文化产业发展对居民消费的影响研究》，博士学位论文，东北师范大学，2014 年。

入快速发展时期，并成为目前居民整体消费中增长最快的部分。

文化消费需求是文化产业形成发展的源泉，随着文化消费规模的不断扩大，为了满足日益增长的文化消费需求，文化产业必然随之扩张。文化有效需求得以实现是文化生产顺利进行的前提，文化生产要适应市场消费需求，提供适销对路的文化产品，包括文化产品和服务的规模、结构和价格①。文化消费规模的扩张为产业的发展提供了广阔的市场空间，相比于对文化产业发展具有重要影响的科技、资本、工业化等因素，源于市场的文化消费需求对于文化产业发展的作用更直接。文化消费能力在一定程度上会限定文化产业所能达到的市场规模和利润程度，因此发展文化产业应提高文化消费能力，实现文化生产供给与文化消费需求互相促进的良性循环。

文化消费是一种消费文化产品和服务的行为活动，是文化产品和服务价值实现的最终环节，因而它受消费规模和消费结构等各种因素影响，有着自身的变化规律。文化消费作为一种较高精神层面的需求，不同于人的基本生存需求，其消费规模会随着可支配收入的增加而扩大，这意味着在经济发展、收入增加的情况下，精神文化消费规模和比例将不断上升，并且快于物质消费的增长速度，这成为促进文化产业发展的直接动力和决定因素②。

（二）文化消费的多样性需求决定文化产业的多样化发展态势

1. 文化消费的增长决定着文化产业的地位

消费需求决定产业结构发展变化。发达国家产业结构的演变

---

① 参见林东生《论文化消费增长与文化产业发展趋势》，《东岳论丛》2011 年第 5 期。

② 参见林东生《论文化消费增长与文化产业发展趋势》，《东岳论丛》2011 年第 5 期。

过程是与人们的消费需求变化相对应的过程，需求结构决定生产结构和产业结构。需求结构对生产结构、产业结构发挥决定性影响，这是现代产业结构发展演化的一个重要规律。当社会经济发展到特定水平后，体现居民家庭生活水平及消费需求层次和结构的恩格尔系数将不断下降，需求结构趋于下游化。源于需求结构的变化，产业利润分布在产业结构上分布也趋于下游化，三次产业中服务产业比重上升，产业结构由“一、二、三”向“三、二、一”转变。

文化消费的上升将带动社会总消费规模的增加与消费结构的升级，从而带动产业结构的高级化。随着社会生产力的迅速发展、社会生产效率及收入的提高，人们的社会需要也不断提高。更高层次的、发展的、享受的、精神的、心理的需求逐渐凸显出来。人们会更多地注重精神文化消费，对文化产品与服务的需求相应会大量增加。文化娱乐消费在总消费支出中的比重将呈现不断上升趋势。消费需求对社会经济发展起着巨大的导向作用和拉动作用。消费需求决定生产，成为产业形成发展的源泉，转化商品价值的消费过程，成为生产发展、产业结构调整、整个经济可持续发展的动力。文化消费的快速发展，将提升文化产业在国民经济中的地位，引致整个产业结构的变化。文化消费的快速扩张，导致文化产业的产值、增加值占 GDP 的比重不断提高，文化产业就业人数不断增加，文化产业在国民经济中的地位上升，产业结构发生了重大变化。

2. 文化消费需求结构决定文化生产布局和产业结构

随着人们物质文化生活水平的日益提高，消费需求也呈现多样化、多层次并由低层次向高层次逐步发展、消费领域不断扩展、消费内容日益丰富、消费质量不断提高的趋势。消费需求结构的变化与产业结构变化是相对应的，在人们的需求结构以生理需求为主导的时代，产业结构处于以农业和轻纺工业为主的阶段，在人们需求结构以追求便利为主导的时代，产业结构处于基础工业和以重加工工业为主的阶段。当人们的需求结构发展到重点追求精神文化、时尚和个性的时候，现代服务业及文化产业在产业结构中的主体地位开始凸显。

此外，伴随着传播通信技术的快速发展，大众对信息需求的热切渴望以及闲暇时间的增多，新兴的文化消费将不断涌现。文化消费需求的变化，对产业价值链中价值分布产生影响，引起文化投资、生产、产业链变化，引起文化产品和服务结构变化，进而导致文化产业结构变化。这就是多层次性、多变性及其发展性的文化消费需求结构决定文化生产结构和产业结构发展的规律。

近年来，随着文化消费的快速扩张，文化产业获得了巨大的发展契机，我国文化产业占 GDP 的比重有了快速上升。从文化产业结构看，根据国家统计局《文化及相关产业分类》，文化产业及相关产业分为核心层、外围层和相关层三部分。核心层包括新闻服务、出版发行和版权服务、广播、电影、电视、文化艺术服务等，“外围层”包括网络文化服务、文化休闲娱乐服务、其他文化服务等，“相关层”包括文化用品、设备及相关文化产品的生产和销售等。传统的文化消费需求是以提供新闻、出版发行、广播影视、文化艺术等服务产品的“核心层”和提供文化用品、文化设备“相关层”作为文化产业发展的支撑。而新兴的文化消费则是以提供网络文化、文化休闲等服务产品的“外围层”作为快速发展的保证。以上说明，文化产品和服务结构、文化产业结构随着我国居民消费能力的提升、消费结构的转变而发展演变，文化消费成为文化产业结构升级的源泉[1]。文化消费是文化产业兴起与发展的动力，文化产业是现代商品经济对大众文化消费需求最直接的市场反应。文化产业作为对大众文化消费需求最直接的市场反应，其产品和服务在实现商品特性与文化特性相统一的前提下，必须积极创新，发展多种形态来适应和满足不同层次的消费需求，以获得最大的经济效益。文化产品、服务结构和文化产业结构随着我国居民消费能力的提升，消费结构的转变而发展演变，文化消费成为文化产业结构升级的源泉。

二 文化产业对文化消费具有反作用

文化消费直接反映出文化市场发展的方向，文化产品在文化消费中实现其高附加值的意义，文化消费可以决定文化产业的存在和发展。同时，文化产业也为文化消费提供支持，为文化消费提供材料，文化产业发展对文化消费具有明显的反作用力[2]。

（一）文化产业对消费者的价值观具有塑造作用

文化产业具有意识形态功能，文化产业是文化与经济相结合的产物，具有经济和社会双重属性：一方面，文化产业在经济领域能够增加产品和服务的附加值，创造巨大经济效益；另一方面，通过向社会提供大量的文化产品和服务，在思想文化领域里发挥重要作用，潜移默化地改变消费者的生活习惯、文化心态、知识结构乃至世界观。文化作为上层建筑中的意识形态，具有相

① 参见邓安球《文化产业发展理论研究——兼论湖南文化产业发展》，博士学位论文，江西财经大学，2009 年。

② 参见房宏婷《论文化消费与文化产业的互动关系》，《理论学刊》2011 年第 10 期。

对独立的能动作用，文化产品所蕴含的思想、知识、精神、情趣等，最终会转化为消费者的思想观念，从而影响消费者的行为，文化要素越来越成为意识形态的主要组成部分。文化产业正在逐步取代政治方式，日渐成为意识形态传播扩张的主渠道，借助于文化产品和服务，意识形态内核的政治思想和政治纲领等逐步内化为消费者自觉。总之，文化产业在政府部门的宏观调控和指导下，把握文化产品的精神内涵，用具有启迪人的心灵、富有思想性与艺术性的高质量文化产品来吸引消费者，有针对性地对消费者的需求进行引导，为消费者选择接受和认同，进而引导积极向上健康的大众文化消费导向。

（二）区域文化产业对文化消费的驱动作用

从宏观上看，文化消费对文化产业的存在和发展起决定性作用，文化消费需求的变化与载体的拓展将会带动文化产业的发展升级，而文化产业的发展对文化消费具有明显的反作用，文化产业的升级发展将引发文化消费的新热点与新趋势。两者是相互促进与相互制约的两个方面，是当前人民生活和社会发展的重要内容。文化需求通过文化生产供给来保障，文化生产是文化有效需求实现的必要条件。从文化生产供给来看，文化生产制造引导和推动文化需求。文化产品供给如迎合了民众文化消费的口味和偏好，将极大地刺激文化消费需求的扩张。目前部分行业的供给能力还不足以满足民众的消费需求。

文化供给会影响民众的消费偏好。格调高雅的文化供给会培养出一大批高素质的文化消费群体，如果文化产品中的格调低下的产品充斥市场，会催生低素质的消费群体。文化供给会培育催生部分消费群体。文化产业通过产品的供给一定程度上培育部分消费群体，同时产生示范作用。文化产业方向一定程度上对文化消费施加影响，可以加快或抑制消费方向的转变。

第三节 文化消费与文化产业发展关系的实证分析

消费需求规模、构成与产业发展是一种相辅相成、相互促进的关系。文化消费需求带动社会需求结构的进步与产业结构高级化。产业结构高级化又进一步促进文化消费的增长与消费结构的演化。文化消费促进经济增长，经济增长又反过来促进产业结构的调整与升级，但这种关系在不同地区会有不同表现。为了深入了解不同地区的表现特征，本部分利用统计数据对国内各个省区文化消费与文化产业的关系进行实证测算。

一 区域文化消费与文化产业协整检验

各地区文化消费数据利用统计年鉴数据中历年城市人均文化消费额与地区历年城镇人口数测算整理获得，文化产业增加值则采用文化产业发展报告中提供的数据，对原始数据采用了对数化处理。

利用 Eviews7.0 对各地区文化产业增加值和地区人均文化消费进行约翰森协整检验，计算结果见表 6－2。

表 6－2　　约翰森检验计算结果

省区	原假设	特征值	跟踪统计	0.05 临界值	P 值
上海	没有协整关系	0.936428	22.06460	15.49471	0.0044 *
	存在 1 个以上协整关系	0.327332	2.775523	3.841466	0.0957
北京	没有协整关系	0.992137	36.44210	15.49471	0.0000 *
	存在 1 个以上协整关系	0.302593	2.522706	3.841466	0.1122
河北	没有协整关系	0.998893	48.09969	15.49471	0.0000 *
	存在 1 个以上协整关系	0.063374	0.458301	3.841466	0.4984
福建	没有协整关系	0.523056	5.182518	15.49471	0.7892
	存在 1 个以上协整关系	0.00000458	0.0000321	3.841466	0.9977
天津	没有协整关系	0.954045	21.60010	15.49471	0.0053
	存在 1 个以上协整关系	0.005629	0.039511	3.841466	0.8424
内蒙古	没有协整关系	0.997323	42.13840	15.49471	0.0000 *
	存在 1 个以上协整关系	0.092036	0.675856	3.841466	0.4110
山西	没有协整关系	0.907432	16.99547	15.49471	0.0295 * *
	存在 1 个以上协整关系	0.046973	0.336782	3.841466	0.5617
山东	没有协整关系	0.995257	37.52349	15.49471	0.0000 *
	存在 1 个以上协整关系	0.009301	0.065412	3.841466	0.7981
江苏	没有协整关系	0.919573	17.64288	15.49471	0.0234 * *
	存在 1 个以上协整关系	6.55E－08	4.58E－07	3.841466	0.9996
浙江	没有协整关系	0.607588	6.577319	15.49471	0.6272
	存在 1 个以上协整关系	0.004165	0.029215	3.841466	0.8642
安徽	没有协整关系	0.981123	30.80055	15.49471	0.0001 *
	存在 1 个以上协整关系	0.349660	3.011820	3.841466	0.0827
河南	没有协整关系	0.995633	40.69965	15.49471	0.0000 *
	存在 1 个以上协整关系	0.316537	2.664077	3.841466	0.1026
江西	没有协整关系	0.728827	11.78021	15.49471	0.1678
	存在 1 个以上协整关系	0.314694	2.645224	3.841466	0.1039
湖南	没有协整关系	0.944802	22.39500	15.49471	0.0039 *
	存在 1 个以上协整关系	0.260996	2.117168	3.841466	0.1457
湖北	没有协整关系	0.856785	18.95744	15.49471	0.0144 * *
	存在 1 个以上协整关系	0.534571	5.353577	3.841466	0.0207 * *

续表

省区	原假设	特征值	跟踪统计	0.05 临界值	*P* 值
广东	没有协整关系	0.779895	11.46462	15.49471	0.1845
	存在 1 个以上协整关系	0.116753	0.869055	3.841466	0.3512
广西	没有协整关系	0.999711	60.48829	15.49471	0.0000 *
	存在 1 个以上协整关系	0.388816	3.446503	3.841466	0.0634
重庆	没有协整关系	0.987899	38.40306	15.49471	0.0000 *
	存在 1 个以上协整关系	0.657561	7.501625	3.841466	0.0062
四川	没有协整关系	0.599188	8.103017	15.49471	0.4545
	存在 1 个以上协整关系	0.215972	1.703173	3.841466	0.1919
云南	没有协整关系	0.990531	34.29410	15.49471	0.0000 *
	存在 1 个以上协整关系	0.212941	1.676160	3.841466	0.1954
贵州	没有协整关系	0.997270	41.57430	15.49471	0.0000 *
	存在 1 个以上协整关系	0.035247	0.251184	3.841466	0.6162
辽宁	没有协整关系	0.939101	20.00523	15.49471	0.0097 *
	存在 1 个以上协整关系	0.057621	0.415435	3.841466	0.5192
吉林	没有协整关系	0.434890	4.009037	15.49471	0.9028
	存在 1 个以上协整关系	0.001983	0.013892	3.841466	0.9060
黑龙江	没有协整关系	0.377812	3.699641	15.49471	0.9263
	存在 1 个以上协整关系	0.052574	0.378045	3.841466	0.5386
陕西	没有协整关系	0.988494	31.25953	15.49471	0.0001 *
	存在 1 个以上协整关系	0.000732	0.005124	3.841466	0.9420
甘肃	没有协整关系	0.494794	6.109533	15.49471	0.6826
	存在 1 个以上协整关系	0.173043	1.330016	3.841466	0.2488
宁夏	没有协整关系	0.914132	20.02830	15.49471	0.0097 *
	存在 1 个以上协整关系	0.333851	2.843691	3.841466	0.0917
青海	没有协整关系	0.762730	16.13656	15.49471	0.0400 * *
	存在 1 个以上协整关系	0.579650	6.066675	3.841466	0.0000 *
新疆	没有协整关系	0.519039	5.129975	15.49471	0.0488 * *
	存在 1 个以上协整关系	0.000885	0.006195	3.841466	0.9367
西藏	没有协整关系	0.995843	42.26335	15.49471	0.0000 *
	存在 1 个以上协整关系	0.425686	3.882048	3.841466	0.0488

续表

省区	原假设	特征值	跟踪统计	0.05 临界值	P 值
海南	没有协整关系	0.929466	18.74847	15.49471	0.0156 * *
	存在 1 个以上协整关系	0.026342	0.186870	3.841466	0.6655

注：* 表示 1% 水平显著，* * 表示 5% 水平下显著。

计算结果表明，多数省区文化产业与文化消费之间存在长期均衡关系，也就是它们之间存在长期的协整关系。但也有个别省区如新疆、甘肃、吉林、黑龙江、浙江、广东等省区文化产业与文化消费之间不存在协整关系，这可能是由于这些省区有些是文化产业大省，而部分省区的文化产业则发展不足，本地的文化消费与文化产业的发展联系不够紧密所致。

二　因果关系检验

为了进一步分析，对文化消费与文化产业发展进行因果关系检验，以确认二者之间是否存在因果关系。

因果关系检验法的基本思想是：如果 X 的变化引起 Y 的变化，则 X 应该有助于预测 Y，即在 Y 关于 Y 过去值的回归中，增加 X 的过去值作为独立变量应当显著地增加回归模型的方差解释能力。检验 X 是否为引起 Y 变化的原因基本过程如下：

（1）做出原假设“X 不是引起 Y 变化的原因”；

（2）把 Y 对 Y 的滞后值及 X 的滞后值进行回归，建立无限制条件的回归模型：

$$y_t = \sum_{t=1}^{m} a_i y_{t-i} + \sum_{t=1}^{m} b_i x_{t-i} + u_t \tag{6.1}$$

（3）把 Y 只对 Y 的滞后值进行回归，建立有限制条件的回归模型：

$$y_t = \sum_{t=1}^{m} a_i y_{t-i} + u_i \tag{6.2}$$

（4）用回归模型的残差平方和计算 F 统计值，检验回归系数 b_1，b_2，…，b_m 是否同时显著不为零。如果是，就拒绝“X 不是引起 Y 变化的原因”的原假设，即 X 是引起 Y 变化的原因，说明 X 与 Y 之间存在着因果关系。

再对数据进行格兰杰因果关系检验，检验二者是否存在因果关系。

首先选取国内文化消费数据和文化产业发展数据，进行因果关系检验。

第一步，对数据进行平稳性分析，检验数据之间是否存在协整关系。在此基础上，再利用 EVIEW 软件分析，二者是否存在因果关系，计算结果见表 6－3。

表 6－3　　格兰杰因果关系检验计算结果

	原假设	观察值	*F* 值	*P* 值
全国	文化消费增长不是文化产业发展的原因	8	10. 5772	0. 02264
	文化产业发展不是文化消费增长的原因		0. 70426	0. 43962
上海	文化消费增长不是文化产业发展的原因	8	45. 3793	0. 00109
	文化产业发展不是文化消费增长的原因		0. 56149	0. 48740
北京	文化消费增长不是文化产业发展的原因	8	3. 96650	0. 10304
	文化产业发展不是文化消费增长的原因		7. 09559	0. 04468
河北	文化消费增长不是文化产业发展的原因	8	25. 6147	0. 03757
	文化产业发展不是文化消费增长的原因		0. 22919	0. 81355
福建	文化消费增长不是文化产业发展的原因	8	10. 0696	0. 02472
	文化产业发展不是文化消费增长的原因		0. 16203	0. 70393
天津	文化消费增长不是文化产业发展的原因	8	27. 7328	0. 00328
	文化产业发展不是文化消费增长的原因		4. 05558	0. 10015

续表

	原假设	观察值	*F* 值	*P* 值
内蒙古	文化消费增长不是文化产业发展的原因	8	4.46501	0.08828
	文化产业发展不是文化消费增长的原因		0.28987	0.61340
山西	文化消费增长不是文化产业发展的原因	8	6.30583	0.05375
	文化产业发展不是文化消费增长的原因		0.29989	0.60750
山东	文化消费增长不是文化产业发展的原因	8	22.4688	0.00515
	文化产业发展不是文化消费增长的原因		2.58909	0.16852
江苏	文化消费增长不是文化产业发展的原因	8	0.65314	0.45571
	文化产业发展不是文化消费增长的原因		0.57179	0.48363
浙江	文化消费增长不是文化产业发展的原因	8	2.74392	0.15853
	文化产业发展不是文化消费增长的原因		0.62314	0.46565
安徽	文化消费增长不是文化产业发展的原因	8	3.70733	0.11214
	文化产业发展不是文化消费增长的原因		0.33030	0.59037
河南	文化消费增长不是文化产业发展的原因	8	2.45696	0.17779
	文化产业发展不是文化消费增长的原因		0.40704	0.55154
江西	文化消费增长不是文化产业发展的原因	8	3.31273	0.12839
	文化产业发展不是文化消费增长的原因		0.00019	0.98954
湖南	文化消费增长不是文化产业发展的原因	8	8.38119	0.03399
	文化产业发展不是文化消费增长的原因		0.63572	0.46143
湖北	文化消费增长不是文化产业发展的原因	8	2.21770	0.19661
	文化产业发展不是文化消费增长的原因		0.00568	0.94284
广东	文化消费增长不是文化产业发展的原因	8	0.46018	0.52766
	文化产业发展不是文化消费增长的原因		1.47519	0.27876
广西	文化消费增长不是文化产业发展的原因	8	1.41054	0.28831
	文化产业发展不是文化消费增长的原因		0.46647	0.52497
重庆	文化消费增长不是文化产业发展的原因	8	5.36592	0.06836
	文化产业发展不是文化消费增长的原因		1.06478	0.34943
四川	文化消费增长不是文化产业发展的原因	8	14.2768	0.01291
	文化产业发展不是文化消费增长的原因		0.05873	0.81815
云南	文化消费增长不是文化产业发展的原因	8	2.04166	0.21242
	文化产业发展不是文化消费增长的原因		1.65304	0.25487

续表

	原假设	观察值	F 值	P 值
贵州	文化消费增长不是文化产业发展的原因	8	9.26730	0.02861
	文化产业发展不是文化消费增长的原因		3.03761	0.14182
辽宁	文化消费增长不是文化产业发展的原因	8	6.48992	0.05142
	文化产业发展不是文化消费增长的原因		0.18630	0.68399
吉林	文化消费增长不是文化产业发展的原因	8	0.52095	0.50277
	文化产业发展不是文化消费增长的原因		0.20018	0.67329
黑龙江	文化消费增长不是文化产业发展的原因	8	6.80378	0.04776
	文化产业发展不是文化消费增长的原因		0.31583	0.59838
陕西	文化消费增长不是文化产业发展的原因	8	2.94191	0.14697
	文化产业发展不是文化消费增长的原因		0.00360	0.95447
甘肃	文化消费增长不是文化产业发展的原因	8	0.03893	0.85137
	文化产业发展不是文化消费增长的原因		2.11637	0.20549
宁夏	文化消费增长不是文化产业发展的原因	8	23.2158	0.00481
	文化产业发展不是文化消费增长的原因		3.89050	0.10559
青海	文化消费增长不是文化产业发展的原因	8	2.73144	0.15930
	文化产业发展不是文化消费增长的原因		0.33030	0.59037
新疆	文化消费增长不是文化产业发展的原因	8	3.52983	0.11906
	文化产业发展不是文化消费增长的原因		1.66817	0.25298
西藏	文化消费增长不是文化产业发展的原因	8	0.60516	0.47180
	文化产业发展不是文化消费增长的原因		0.12590	0.73720
海南	文化消费增长不是文化产业发展的原因	8	9.66400	0.02659
	文化产业发展不是文化消费增长的原因		1.76771	0.24109

实证检验结果证实，无论全国还是各省市（区）的文化消费对文化产业发展都具有明显驱动作用，说明消费需求对于文化产业发展具有决定性的影响。但部分地区如广东、云南、江苏等地未通过显著性检验，其中原因比较复杂，有统计口径不一致的问题，也有文化产业结构内部的原因，这些省份的文化产业或许更多依赖外部区域市场。研究结果也显示，文化产业对文化消费的

拉动作用不明显，此前的理论假设未得到实证研究的支持，这说明文化消费的影响因素较多，文化产业发展对文化消费的影响机制更为复杂，其作用效果可能需要更长期的观察才能发现。

第七章

发达国家与国内先进地区文化消费市场拓展的成功经验

第一节　国内先进地区文化消费市场的发展

为了总结提炼我国地方发达地区文化消费市场开拓的一般经验，现在选取若干有代表性城市介绍其推动文化消费的成功做法。

一　上海文化消费市场的发展

为了推动上海文化的繁荣，将其建设成为一个更具活力、更加开放和充满魅力的国际文化大都市，需要不断提升上海文化消费水平，从而推进文化产业的升级转型，增强城市文化活力，提升城市软实力，优化居民支出结构，提升民生的幸福指数。

上海文化消费具有国际化和时尚化的典型特征，是国内文化消费的潮流引领者。若干年来，上海文化消费市场在各方努力下，发展非常迅速，呈现出良好态势，从统计数据上看，增长势头强劲。具体来看，图书出版、影视展演、演唱会、音乐会、戏曲表演等几大方面的消费市场持续扩张，消费者反映良好。培训市场繁荣依旧，培训机构数量持续增加，居民科学教育方面的文化消费热情依旧。上海文化消费市场的快速扩张与持续繁荣，是与政府部门的积极努力分不开的，上海市政府为了拓展文化消费市场，不断推出支持政策。

（一）政府积极介入，打造文化消费平台

1. 搭建平台，集中展示优秀文化成果

为刺激消费主体的消费欲望，政府组织举办旅游节、文化艺术节以及电影节等，集中地展览优秀文化产品。政府组织的这些活动很好地将部分没有文化消费愿望的民众吸引了过来，使他们对文化产品的情况更加熟悉了解，加入文化消费的行列。这些活动也强化了上海文化消费的国际化元素。随着越来越多的民众加入文化消费活动中，上海部分高端文化产品市场出现供不应求的现象。2009 年上海文化消费市场异常火爆，部分文化艺术演出“一票难求”现象凸显。《新民晚报》2009 年 9 月 24 日以《音乐会门票为何如此抢手？——透视上海交响乐团演出一票难求的现象》为题，分析了音乐会等众多演出的盛况。文章认为上海交响乐团为迎接建团 130 周年，会聚了众多名家与新人，再加上到位的宣传策略，对观众产生较大的吸引力，从而最大限度地刺激了文化消费市场，使得 2009 年上海的文化消费市场异常红火。

2. 完善文化设施，拉动文化消费

精心规划和全面建设上海三大文化新地标。上海“世博园区”的文化博览平台、“上海迪士尼乐园”的娱乐文化平台、虹桥交通枢纽中“国家会展综合体”的会展文化平台，成为上海的三大文化新地标。此外，上海市政府还规划建设了一大批文化设施。2012 年

12 月 31 日，上海首个遗址博物馆——上海元代水闸遗址博物馆正式对外开放；2013 年 6 月，改建后的上海儿童艺术剧场在“六一”国际儿童节正式开放，还原中国电影百年荣光的上海电影博物馆正式开馆，崧泽遗址博物馆土建工程完成；同年 11 月，上海大剧院大修主体工程竣工；“十二五”规划重点文化设施建设项目朵云轩艺术中心、上海京剧院、上海交响乐团迁建 2013 年年底基本建成，2014 年投入使用。继续推进上海国际舞蹈中心、刘海粟美术馆、上海文艺中心等一批续建项目按计划建设。

此外，上海还通过文化产品推送、信息发布等形式，提升文化设施的利用率，提高公共文化设施的社会开放和共享程度。

3. 扶持小微企业发展，丰富文化产品种类

不同的消费群有不同的消费选择，呈现不同的文化消费行为。一般而言，青年人青睐演唱会以及梦幻剧等艺术表演形式，而老年人则比较喜欢传统戏曲或曲艺类的表演。儿童更多地会在家长的陪伴下，去剧院看马戏表演以及杂技等。当然，消费主体的层次性分化在相当多的情况下是一个普遍现象。但是在上海的文化消费中，这种层次化更加突出，这与文化产品多样化密切联系。不管是物质商品还是服务产品，消费市场提供给消费需求主体的产品类型日益丰富。丰富的可供主体自由选择消费领域吸引着更多的消费群体加入，使文化消费市场渐趋繁荣。上海几大剧院各有定位，上海大剧院主攻高端、大型的演出项目，上海逸夫舞台专注戏曲，美琪大戏院的重心在芭蕾，东方艺术中心则是旗帜鲜明地走“公商并行”路线，降低演出门槛，推出大量低票价演出，让更多普通市民有机会走进剧院，接受艺术熏陶。这种错位发展的格局，使各种层次的演出得到充分体现。政府的产业政策对文化产业的发展发挥了引导作用，间接地对文化消费发挥了导向性作用。

（二）上海拓展文化消费的努力方向

未来上海拓展居民文化消费的重点领域包括发展型文化消费和享受型文化消费两个方面共12个领域。其中“发展型”文化消费的5个重点领域是：文化性会展、语言及商务培训、国际化办学、公共文化设施深化利用、儿童培养项目；“享受型”文化消费的7个重点领域是：都市文化旅游、动漫、主题乐园、网络内容、体育商业赛事、音乐文化、影视文化。为了实现这一目标，上海市政府还需要积极探索更为有效的政策措施，继续拓展文化消费市场。

1. 以价格杠杆的调整，撬动上海文化消费

对于一些经营性文化企业运作的公益性文化项目，可由政府协调和补贴，如，一些文化遗产场馆可由政府补贴、企业维护管理和向公众免费开放参观；又如，对某些健身类的经营性文化单位可由政府适当补贴，向市民免费或低价开放游泳、球类等健身活动。

降低电影和演出的过高票价，让更多的老百姓进入电影院和剧院。上海的演出及电影票价过高，导致普通市民难以走进剧场、电影院，这对于建设上海的国际文化大都市来说是一个“软肋”。相对于城市人均月收入的比例，上海一张电影票的价格是美国的8倍。基于上述状况，为拉动消费需求有关部门必须做好以下四方面工作：一要在总体上把电影的票价降到现在的一半；二要有多元化的票价结构；三要在有关考核与评价指标方面，应把“票房收入”与“实际上座率”“人均年观看场次”挂钩；四要规范票务市场。

上海电信宽带资费是我国最高的几个少数省市之一，宽带不宽、网速过慢，网络宽带资费较高，是抑制网络文化消费的一个价格“障碍”。建议市政府把降低上海网络宽带资费（主要是包年、包月的网络宽带资费），列入与电信部门战略合作的框架内容，促

进文化消费的发展。在平衡版权方、企业、网民三者利益时，充分考虑网民的经济承受力，鼓励版权方、企业的适当让利，政府再以政策扶持或补贴的形式返利给版权方与企业。鼓励企业探索网络资源收费的不同模式，有效扩大网络文化的消费人群和内容。

2. 以经济政策的引导，刺激上海文化消费

建议政府对文化企业积极实施税种调整。当前，特别应抓紧考虑的是推动国家层面对文化产业企业由征收营业税调整为征收增值税并实行优惠税率，以便促进文化产业企业改善硬件投入、降低经营成本，积极引导文化产业发展资金投入导向和刺激文化经营者的积极性。

建议政府对小型、微型文化企业积极实施税率优惠。世界上很多文化大都市都重视对文化类小型、微型企业的区别管理和特殊扶持。我们建议，按2011年6月18日四部委联合颁发的《关于印发中小企业划型标准规定的通知》，本市的小型、微型文化企业比照新规的标准，凡符合拟定条件的，对其实行一定时期的免征所得税等优惠，并且在人才引进、办公场所租赁、信息化建设等方面给予全面扶持。

3. 以文化产业的创新，提升上海文化消费

放大世博效应，促进文化产业与科技创新及其他产业的融合。世博会带给上海的最大启发应该是理念层面的，比如整合、融合、和谐、创新等理念。反映在文化产业和文化消费上，就是要大力加强和促进文化产业与科技创新及其他产业的融合。需要进一步在文化与其他产业融合的内容、载体、深度和相容度等方面寻找机会，加强典型案例的挖掘和经验推广①。

① 葛红兵、谢尚发：《文化消费：文化产业振兴的根本问题——兼评2009年上海文化消费状况》，《科学发展》2009年第12期。

要加大对上海原创电影等原创文化作品、对有市场影响力、显著社会效益或重大学术贡献的文化产品与作品，实施动态的全过程扶持和事后的追加奖励。充分发挥上海电视节、电影节的产业辐射作用，加大对原创动漫企业和品牌的扶持力度，大力推进文化娱乐产业集聚区建设，积极鼓励民营演艺机构创建质量品牌，加大对上海本土艺术品经营品牌的培育与扶持。

二 北京拉动文化消费需求的成功经验

（一）文化消费需求发展情况

近几年随着城市经济发展水平的提高，北京城镇居民文化消费也日渐活跃。城镇居民将更多的收入用来消费文化产品与服务。2012 年北京市城镇居民人均文化娱乐服务支出同比增长 20.8%。其中，城镇居民参加游泳、滑雪等室内外健身活动的支出是 2011 年同期的 2.1 倍；参观游览、团体旅游的人次同比增长 20.3%，人均旅游花费支出同比增长 20.5%；观看电影、演出，参与摄影等人均其他文娱活动支出同比增长 26.2%。

在文化消费需求的支持下，北京的文化创意产业健康发展，新兴文化业态发展迅速，文化核心领域增势良好。文化创意产业持续快速增长，据市统计局初步统计，北京文化创意产业收入突破 9000 亿元，实现增加值 1938.6 亿元，现价增速 14.2%，占全市 GDP 比重为 12.1%。2011 年，北京市动漫游戏业务活动收入增速在 30% 以上，营业收入在亿元以上的大型动漫游戏生产企业达到 22 家。其中，“搜狐”旗下的畅游时代、“畅游天下”收入均达到 10 亿元以上。互联网信息服务行业实现收入 67.9 亿元，同比增长 34.5%。音像及电子出版物发行行业实现收入 5.9 亿元，同比增长 46.4%。

无线广播电视传输服务和卫星传输服务行业实现收入同比分别增长 45.2% 和 56.5%。从事数字出版（互联网出版）的规模以上单位，实现收入 26.8 亿元，同比增长 23.3%。北京的文化创意产业在文化艺术、广播影视、新闻出版等文化核心领域增势良好。2005 年 1—2 月，三个领域分别实现收入 26.1 亿元、93.1 亿元和 74.9 亿元，同比分别增长 22.7%、16.5% 和 14.4%。文化艺术和广播电视电影业增速分别高于“十一五”时期平均增速 5.4 个和 0.2 个百分点。

（二）北京市文化消费快速发展的原因

北京文化消费需求领先全国在于其具备特有的优势。其一，北京文化设施良好，剧院、博物馆、展览馆等公共文化设施相对完善（建设情况与分布投入数据丰富）。其二，北京集聚了一大批文化团队，包括乐团（北京丰富的文化专业人才），每天北京都有很多演出、展览、艺术交流在同时举办，这么丰富的文化资源为北京文化消费的繁荣创造了条件。北京市社科院出版的《2012 北京文化蓝皮书》显示，近九成人每年光顾这些文化场所不足 5 次。据调查，文化程度越高，对上述“五馆”的参与度越高；月收入 1 万—2 万元者参与度最高，达到 80% 以上。在满意度方面，月收入 5000—2 万元的人群不满意程度高于其他收入人群，本科及以上学历者不满意程度也略高，他们认为博物馆等方面的建设以保持为主。市民对图书馆的使用还比较充分，使用率达到了 78%，年光顾 5 次以上的达到了四成。而且超过 3/4 的市民对图书馆表示满意或基本满意，在本市免费文化设施中，图书馆的参与度与满意度仅次于文化公园。相比之下，文化广场、文化公园与市民生活融合得更为紧密，每年有 84% 的人光顾过文化广场或文化公园，年均超过 5 次的也超过四成，尤其是上了年纪的老年人。

为了推动文化消费活动，2013 年 9—10 月北京举办以“消费文化　品味生活”为主题的首届北京惠民文化消费季，推出“北京金秋”优秀剧目展演、“文化惠民月”电影展映、“北京家庭”阅读季、“欢乐美食文化嘉年华”等九大活动。为文化企业搭建直接与消费者对接的平台，通过市场运作，发放文化惠民卡，开展群众性的惠民文化活动，让文化消费惠及市民。首批签约的 1000 家商户中，包含来自北京市六大文化联盟的优质企业，同时吸收在北京文化消费市场活跃的其他企业，营业范围将涵盖影院剧院、书店图书馆、教育培训机构、景点博物馆等，基本能够满足市民日常文化消费需要。消费者持文惠卡到签约商户进行文化消费，可以享受惠民折扣、积分奖励等多项优惠，并可通过官方网站、手机等终端设备实时查看新鲜的文化消费信息，还可低价看话剧、听京剧；以 5 元票价看《泰囧》《致青春》等当红优秀影片①。

以政府引导、市场运作、节俭务实、惠及市民为原则，深入挖掘、充分调动北京市深厚的文化资源，广泛整合北京市各类文化企业提供的优质文化产品和服务，通过市场手段引导消费升级，促进文化消费与其他领域消费相结合。有效地将文化资源转化为消费优势，探索一条通过市场化方式拓宽文化消费渠道的道路，惠民又惠企，成为反映北京市文化消费水平的一项品牌活动②。

场馆设施的优先发展建设对于北京市文化消费的快速增长，继而拉动文化产业的健康发展，发挥了积极作用。但是，相对北京而

---

①　参见张武岳《北京推文惠卡培育文化消费市场　市民可多渠道申领》，人民网 http：//politics. people. com. cn/n/2013/0929/c368804－23077212. html。

②　参见尹力《北京惠民文化季启动“点燃”京城文化消费》，中国新闻网 2014 年 8 月 19 日。

言，其他多数地区并不具备这样的条件，北京的经验在全国范围内不具有推广价值。

三　杭州文化消费政策激励与发展状况

（一）杭州文化消费的现状

近年来，伴随着“生活品质之城”城市发展战略的实施，杭州市民文化生活品质不断提升，文化消费呈现快速增长的良好态势[①]。

1. 文化产品日益丰富

杭州每年音乐、歌舞、相声小品等各类演出不下1000场，百老汇著名歌舞剧《42街》、音乐剧《音乐之声》、青春版昆剧《牡丹亭》、德国斯图加特西南广播交响乐团、俄罗斯芭蕾舞团、中国交响乐团、总政歌舞团、中国京剧院、中国残疾人艺术团等著名演出团队和维塔斯、郎朗、刘德华、张学友等中外名家先后来杭演出。电影片源及时丰富，杭州11家影院都隶属首轮影院，观众可以在第一时间看到最新上映的所有影片，保持与全国其他城市同步。2008年国产电影故事片达到406部，上主流院线的有100部左右，再加上20部进口大片及50部左右一般进口片，每个月能保证15部左右的影片满足观众需求，《星球大战》《集结号》《功夫熊猫》《非诚勿扰》等一批叫座影片让杭州观众饱了眼福。本土创作的《宋城千古情》《印象西湖》《西湖之夜》以及《阿姐鼓》《玉鸟》《和平颂》等市场反响良好。

---

① 参见马国超、王建、杨为然、孙立波等《杭州与上海等其他城市的文化消费比较》，《杭州蓝皮书》，http://www.hzsk.com/portal/n1259c95.shtml。

2. 文化消费日益普及

看电视、买书、看电影等文化消费已成为市民日常生活的组成部分，聆听一场新年音乐会，欣赏一次民乐演奏或是看一场商业演出对大部分市民来说，已经不是奢望，而随着互联网进入千家万户，网络电影电视、网络图书消费更加轻松便捷。以广播电视消费为例，全市已建成覆盖市、县的广播电视传输干线网 580 多千米，现有有线广播电视用户 200 万户，数字电视用户 140 万户，发展交互数字电视用户 30 万户。按平均每户 200 元/年计，全市居民仅收视费支出就达到 4 亿元。每年新增和更新电视机，按用户 10% 的比例计算，即 20 万户，每台电视机平均 3000 元，每年电视机消费达到 6 亿元。两项合计，直接拉动文化消费 10 亿元，广告信息服务还带动了其他相关产业的发展。

（二）拉动文化消费的主要措施

1. 大力建设完善了一批文化场馆基础设施，文化设施日益完善

近年来，杭州投入大量资金新建、改建了一批文化设施，极大地改善了市民文化消费的硬件环境。目前市区已拥有杭州大剧院、杭州剧院、黄龙体育中心、黄龙体育馆、东坡剧院等近 20 个大型演出场馆，其中杭州大剧院作为标志性文化设施，总用地面积约 10 万平方米，建筑面积为 5.5 万平方米，由 1600 席的歌剧院、600 席的音乐厅、400 席的多功能厅及一个下沉式露天剧场和室外文化广场组成，设施配备堪称一流。全市还拥有电影放映单位近 20 家，100 多个放映厅，14930 个观众座位和 12 家图书出版社，杭州文化商城为浙江最大的出版物批发市场。

2. 大力扶持经营主体，提升其文化产品与服务供给能力

杭州市委、市政府先后出台了一系列文化设施、企业扶持政

策，涉及税收、人才、专项资金、中介机构发展等多个领域，如《中共杭州市委、杭州市人民政府关于深化文化体制改革，促进文化产业发展的若干政策意见》规定，对政府鼓励新办的报业、出版、发行、广电、电影、放映、演艺等文化企业，免征1—3年的企业所得税。对杭州大剧院等影响力较大的文化机构，政府每年提供专项财政补助，弥补其发展资金的不足。政府每年还以“西湖之春”“文化进社区”“文化下乡”“广场文化活动”等活动为抓手，组织开展数千场大型文化活动，营造文化活动氛围。这些措施有力地推动了剧院、院团、影院等经营主体发展，提升了它们为百姓提供文化消费品的能力。

3. 市场主体多元化，文化机构持续创新经营模式

大力发展各类文化企业，文化服务主体日趋多元。目前杭州市除拥有7个省属院团、11个市属和区、县属院团外，还拥有金海岸文化发展股份有限公司、杭州宋城艺术总团、黄龙越剧团等各类各级民营文艺表演团体50余个，这些民营文化演出团体在演出场次、经营收入、观众人数等主要指标全面超过国有演艺机构。图书发行方面，新华书店“一统天下”格局早已打破，国有、民营等多种经济成分共同发展，以民营资本为代表的非国有书业十分活跃，在教材以外的一般出版物出版发行中已占据“半壁江山”。由民营资本投资的杭州IUME国际影城也打破了国有电影放映单位垄断杭州电影市场的格局。长城、南广、华策、今古时代、嘉艺等一大批民营影视制作机构的涌现，为影视创作注入了生机和活力。剧院、演出团体、影院等经营主体不断探索市场化运作方式，涌现了不少成功营销案例。杭州宋城艺术总团排演的《宋城千古情》走与旅游相结合的路子，2006年以来每年演出900多场，创收2亿元，观众200多万人次，最多一天连演8场，创造杭州夜间旅游市场奇迹。各电

影院线联手推出多种价格折扣和会员制等举措，吸引电影观众，如每天上午半价，周二周三全天半价日凭会员卡观影享受“折上折”等；杭州大剧院推出“周末音乐会”邀请国内外优秀艺术家、知名音乐团体和本土院团举办独奏、小型音乐会，票价以 80 元、50 元、15 元（部分学生、老年优惠票）低价位为主，让市民有机会亲近大剧院、亲近艺术；省新华书店集团有限公司探索连锁经营、互联网销售、直邮发行等分销新模式，其运作水平、经营效益已居全国领先水平。

四　福州文化消费市场的培育经验

近年来，福州市紧紧抓住中央支持海西建设和经济转变方式的契机，贯彻落实科学发展观，积极推动产业升级转型。为进一步优化产业结构，使经济增长由投资拉动进入消费驱动阶段，福州市委、市政府非常重视文化消费市场的培育，为此推出了一系列的措施。

（一）主要措施

1. 推动文化创意产业跨越式发展，为文化消费市场提供产业保障

近年来，福州市委、市政府十分重视文化创意产业发展，充分挖掘福州深厚的人文历史资源与自然生态资源，并积极将其转化为产业资源，初步形成了行业较为齐全、产业链条比较完整、多种经济成分并存的文化创意产业体系。同时，福州市努力改善文化创意产业发展环境，先后颁布实施了《福州市加快文化创意产业发展的意见》《福州市人民政府关于加快创意产业发展扶持政策的意见》

《福州市文化创意产业示范企业、示范基地（园区）评选命名管理办法》等产业政策，十七届六中全会以后，福州市委深入贯彻落实党的十七届六中全会精神，提出了《加快文化强市建设的实施意见》，针对具体行业制定实施了多项扶持政策。全方位的政策引导给文化企业注入强大的动力，流入文化领域的社会资本呈上升趋势。2009 年，福州市建立了文化创意产业发展专项资金，通过采取贷款贴息、项目补助、资助和奖励等方式，积极扶持文化创意产业发展。据初步统计，每年市级财政用于文化创意产业的发展性资金就超过 5000 万元。2011 年全市文化创意产业总投资额超过100 亿元，为文化产品生产提供有力保障。形成比较健全的扶持文化产业发展的政策体系，充分调动各类因素，引导更多的社会资本流向文化创意产业领域。以文化生产带动文化消费，以文化消费刺激文化生产，从而增强福州文化创意产业总体实力和竞争力，提升福州“软实力”，形成强大的文化吸引力和凝聚力。

2. 构建现代文化市场体系，服务文化生产，刺激文化消费①

良好的发展环境充分调动了文化企业生产活力与创新力，文化企业在丰富文化产品市场的同时，也获得了良好的社会效益，制定、修订包括《关于推动文化创意产业公共服务平台建设的意见》在内的七项政策，运用产业政策积极推动文化创意产业的繁荣、发展，推动文化市场体系的构建和文化消费市场的培育；财政政策方面，福州市将进一步落实鼓励文化创意产业发展的财税、金融政策，制定《文化创意产业发展专项资金管理办法》。扩大文化商品、服务和要素供给，丰富文化市场内容，延伸文化再生产的产业上下游，完善现代文化创意产品的供给、流通、消费等各个环节，提升

① 参见施炜、傅懿瑾《福州文化消费市场培育研究》，《福州党校学报》2012 年第 4 期。

文化创意企业的生产能力；拓展文化市场平台，活跃文化市场活动，培育文化要素市场，促进文化要素流通，提高文化市场资源配置能力；完善与文化市场相关的法律法规体系、社会信用体系，加强市场监管，优化市场环境，确保文化市场健康运转；拓宽文化发展思路与空间，促进文化、科技、市场与产品或服务的有机结合，积极培育新兴文化消费产品。

3. 项目改造带动，赋予城市文化内涵

近年来福州市以工业转型升级、城市空间布局优化为契机，利用城区工业企业搬迁后留下的老厂房，规划建设了芍园壹号文化创意园、榕都318文化创意艺术街区、福百祥1958文化创意园等一批文化创意产业园区（基地）；在原有的文脉资源基础上，规划改造了白马河文化创意一条街、三坊七巷历史文化街区、安泰河美食一条街，打造“温泉游、闽江游、文化游”三大旅游品牌。不仅提供了多样的文化产品，丰富了市民的精神文化生活，而且使市民在消费过程中接受文化艺术的熏陶，思想受到感染，情感得到升华，在经济效益与社会效益方面，都取得良好成效。

4. 增加投入，建设基础设施保障文化消费

居民文化消费形式无论有形的文化产品还是无形的文化体验，都离不开文化基础设施，尤其是公共文化基础设施的建设，公共文化基础设施建设对市民个体文化消费起着保障性作用。福州市政府非常重视公共文化基础设施的建设，根据财政局公布的数据，2010年福州市地方财政对文化事业类的投入资金为4.52亿元，普惠文化、教育、体育各个领域，为居民文化消费提供支撑。另外，积极鼓励社会力量兴办文化。采用“谁投资，谁受益”的激励机制，以吸引更多的社会力量、社会资金投入公共文化领域，促使文化体制改革与文化产业发展同步前行。这些措施为培育福州市文化消费市

场、完善文化再生产产业链、提升文化消费产品质量，打下坚实的基础。

5. 加强精神文化消费引导，提高市民对文化产品的鉴赏水平

福州市政府非常重视对居民文化消费的引导，强调强化知识性文化消费、鼓励技能性文化消费、引导娱乐性消费，从而推动文化产品消费。积极探索引导方式，尝试建立面向终端消费者的文化消费补贴机制，增强居民文化活动参与意愿，达到提高居民文化活动参与水平的目的。力求从公共文化服务体系入手，通过潜移默化的观念输出，形成文化消费的“集体意识”，引导积极健康的文化消费。

（二）福州市推动文化消费和培育文化消费市场的成就

从2008年到2010年，福州市城乡居民人均年文化消费与人均年产值的比值一直在4.6%上下浮动，文化消费支出与经济同步增长。2008年和2009年该比值在8%上下波动，2010年，该比值达到9.14%，增加了1%左右。如果把居民总消费支出划分为文化消费和非文化消费两类，人均年总消费支出与人均年文化消费比值可以直接反映出一定消费结构中的文化需求。2008年、2009年福州市人均文化消费比值均为11.4%左右，2010年福州市城乡居民文化消费支出比例为13.16%，比往年增长了约1.6个百分点，折射出2010年全市经济增长、扩大内需、刺激消费等政治经济背景下文化消费发展的巨大潜力。验证了福州市大力发展文化创意产业、积极培育文化消费市场所取得的成效。

第二节　先进国家促进文化消费的经验

一　韩国促进文化消费的经验

（一）政府着力进行文化保护和基础设施建设

1. 政府重视对传统文化的保护和发展

韩国政府非常重视对文化遗产的保护和挖掘。专门成立无形文化财产厅，管理无形文化财产。拨付专款用于保护历史遗迹，还设置专项补贴，支持传统工艺如韩国传统的说唱、假面舞、摔跤、拳击、韩纸艺术、宫廷御膳、魔术、礼仪、传统医药等。对每项无形文化财产及掌握该绝活的民间艺人都编号管理。这类文化遗产多是由民间老艺人采取师傅授徒的方式得以保存下来[①]。为了扩大传统文化的影响和活力，文化管理部门经常办各种体现和宣传韩国民族风俗习惯和日常生活的展览；政府还举行诸如“文化遗产年”“韩国文化旅游年”等活动来向外国人介绍韩国传统文化。

2. 加大投入，支持文化事业发展

采取一系列措施，多渠道筹措文化产业发展资金，按照“集中与选择”的原则，有目的、有重点地实施资金支持，在经费上确保文化产业的发展。文化产业振兴院 2002 年通过国家预算拨款、投资组合、专项基金等方式共融资 5000 亿韩元，为文化创作和基础设施建设、营销和出口、人才培养，各投入 1700 亿韩元、1870 亿

---

① 参见金禅智《韩国文化产业的发展及其对中国的启示》，硕士学位论文，对外经济贸易大学，2006 年。

韩元、1430 亿韩元。

3. 国家加大文化产业预算

近年来，文化事业财政预算不断增加，2000 年首次突破国家总预算的 1%，进入“1 万亿韩元时代”，2005 年达 1. 5856 亿韩元。随之，政府加大对文化产业的投入，文化产业预算由 1998 年的 168 亿韩元增加到 2005 年的 1911 亿韩元，占文化事业总预算的比例由 2. 2% 增长到约 12. 1%。随着文化事业预算的增加，韩国文化产业的市场规模也在不断扩大。由此可见，韩国政府的财政投入与文化产业的市场规模之间存在一定的正相关。

（二）重视法规建设，优化文化消费与生产的软环境

1. 加强立法，为文化生产和消费提供制度保障

韩国政府对立法和政府的组织管理机制在文化产业发展中的重要作用有着充分的认识，并于 1999 年首次制定了有关文化产业的综合性法规《文化产业振兴基本法》，明确文化产业的定义，提出振兴文化产业的基本方针政策。为适应数字化信息时代文化产业发展的需要，近两年陆续对《影像振兴基本法》《著作权法》《电影振兴法》《演出法》《广播法》《唱片录像带暨游戏制品法》等做了部分或全面修订，被废止或修改的内容达 70%，强化了产业发展的法律法规保障。

2. 整合政府管理体系，加大政府管理与支持力度

韩国政府在改组原有文化产业相关部门的同时，又新建了一些机构组织，初步形成了运作文化产业发展的管理机制。1994 年，文化观光部首次设立“文化产业局”，并将之作为主管文化产业的政府职能部门。1999 年，文化观光部、产业资源部、信息通讯部通力合作，建立了各自下属的“游戏综合支援中心”（主管政策、规划

等）、“游戏技术开发支援中心”（主管游戏产业园区建设和管理）、“游戏技术开发中心”（主管游戏产业技术开发）。文化观光部和产业资源部，还分别设立韩国卡通形象文化产业协会（负责创作等）、韩国卡通形象产业协会（负责市场开发），共同推动卡通形象业的发展。在电子图书、在线游戏等高新技术文化产业领域，分工由信息通讯部主管基础技术开发，文化观光部负责应用技术开发。韩国在文化产业相关领域，基本上都有一套奖励措施。近两年尤其加大了对影像、游戏、动画、音乐等重点文化产业的奖励力度。2002年，游戏、动画业分别评出15个获奖产品和12个获奖单位，“国务总理奖”（大奖）为最高奖项，奖金1000万韩元，“文化观光部长官奖”（优秀奖）奖金500万韩元，“特别奖”奖金300万韩元。文化观光部2003年把“大奖”升格为“总统奖”，提升奖励的权威性[①]。国家设立多种专项基金，如文艺振兴基金、文化产业振兴基金、信息化促进基金、广播发展基金、电影振兴基金、出版基金等，扶持相关产业的发展。运作“文化产业专门投资组合”。这是以动员社会资金为主，官民共同融投资的运作方式。文化产业振兴院2000—2001年两年，成功运作“投资组合”17项，共融资2073亿韩元（政府350亿韩元，民间1723亿韩元）。2001年韩国电影振兴公社通过“电影专门投资组合”融资3000亿韩元，保障了电影事业的发展。完善有关文化经济政策。利用税收、信贷等经济杠杆，实行多种优惠政策。为重点发展游戏、动画等风险企业，对进驻文化产业园区的单位提供长期低息贷款，减少甚至免除税务负担。在文化产业园区建设中，免除农田、山林、草场转让费和再

① 参见田绪永《韩国经验对我国文化产业发展的借鉴意义》，《中国青年研究》2004年第1期。

造费，以及交通设施补偿费等。

（三）强化专业化生产，大力开拓国际市场

韩国发展文化产业生产经营的总体战略是，自 2001 年至 2010 年的 10 年期间，全国共建 10 多个文化产业园区、10 个传统文化产业园区、1—2 个综合文化产业园区，形成全国文化产业链，旨在优化资源组合，发展集约经营，形成规模优势，提升研发生产能力和文化产业的整体实力。另外，韩国充分认识到，韩国国内市场规模有限，必须开拓国际市场，才能真正促进文化产业的大发展。其基本战略是，瞄准国际大市场，把以中国、日本为重点的东亚地区作为登陆世界的台阶，大力开发，促进出口，利用国内市场收回制作成本，通过海外市场赢利。他们通过加强调研开发适销对路产品、集中力量开发名牌产品、在文化出口战略地区建立“前沿据点”、积极开展跨国生产合作、积极举办和参加国际性展销洽谈活动、设立出口奖励制度、构筑海外营销网等措施开拓国际市场，并取得了显著成效。打造国际文化产业精品；重点发展有国际战略价值的文化产业项目；集中资源抓好重点，为建设文化产业强国夯实基础。为此，韩国政府颁布了系列政策，设立了促进文化产业发展的相关机构。1986 年，韩国第六个五年计划提出文化与国家同步发展的重要性。1990 年政府颁布的《文化发展十年规划》提出“文化要面向全体国民”。1993 年政府制订“文化繁荣五年计划”，将文化产业作为重点开发项目。1994 年，韩国文化观光部着手制定文化产业法律，强调文化产业对经济发展的重要性。亚洲金融风暴后，韩国正式提出“文化立国”的战略，是继日本之后第二个提出“文化立国”方略的国家。随之，韩国政府又制订了《文化产业发展 5 年计划》。此外，1999 年韩国文化观光部、产业资源部、信息

通信部建立“游戏技术开发中心”“游戏综合支持中心”，加大扶持游戏产业力度；设立韩国卡通形象文化产业协会，促进卡通创意创作；设立韩国卡通形象产业协会，加强产品市场开发；这些布局都有效地突出了韩国文化产业发展的重点与特色。成立“韩国文化产业振兴委员会”，制定国家文化产业政策、发展计划、文化产业振兴基金运营方案、检查政策执行情况和开展产业调研等。2001 年成立了隶属于韩国文化观光部的韩国“文化产业振兴院”以落实各项政策措施。此外，韩国不断增加文化事业的财政预算。为确保经费，多渠道筹措文化产业发展资金，这些资金都为韩国文化产业发展注入了活力①。

二　日本文化消费拓展主要特点

（一）着力进行文化基础设施建设

在政府文化投资方面，主要投资于能够在未来拉动文化产业持续发展的本国文化基础设施建设，如新建文化艺术院所、文化数字项目、扩建和改造基础文化设施，以及投资于公益性的文化项目等，如对民间艺术团体的艺术人才的培养，文艺活动的举办，歌剧、芭蕾舞、影视等专业人才的培养，优秀作品创作及发行的资助等。1983 年建成的东京迪士尼乐园、2001 年开业的东京海上迪士尼乐园等不仅给当地、周边地区和城市带来了实际效益，也对相关投资和技术的引进起到了积极作用。

① 参见张永文、李谷兰《韩国发展文化产业的战略和措施》，《北京观察》2003 年第 12 期。

（二）政府重视产业规划，积极推动文化产业发展

作为市场经济高度发达的国家，日本积极发挥企业的自主作用，尊重企业在文化产业发展中的主体地位，让企业通过产业运作方式发展文化产业，但同时，日本政府也积极努力，设立专门机构，为企业发展创造有利环境。日本政府经产省和文部省都有文化管理职能。经产省是从经济的角度管理文化产业，其情报信息政策局专设文化产业政策关联课，负责制定行业政策规划，研究文化消费与市场等活动。2000 年以前，文部省只负责管理公益文化，不分管文化产业；2000 年以后，文部省也开始研究文化产业发展，并建立了文化产业年度统计制度。2001 年日本内阁对中央省厅进行改组，为加强政府振兴文化产业的职能，文化厅内设置了文化审议会，从组织机构上不断理顺政府对文化产业的支持。

（三）完善法律政策，营造文化产业发展软环境

日本文化产业的法律法规较为完备，且具有较强的可操作性。对适用时间较长的法律，立法机关会依据实际情况予以及时修订。如 1970 年制定的《著作权法》，经过 20 多次反复修订，最终于 2001 年变更为《著作权管理法》并开始正式实施。其他法律还包括：《形成高度情报通讯网络社会基本法》（2000）、《文化艺术振兴基本法》（2001）、《知识财产基本法》（2002）以及《观光立国基本法》（2006）等。与此同时，日本为了保证所颁布的法律法规均具有可操作性，通常在新法律颁布之后，相关部门会进一步制定与之配套的更加具体的实施细则以求优化实施效果。例如：《关于文化艺术振兴的基本方针》就是与《文化艺术振兴基本法》相配套的具体措施方案，《知识产权战略大纲》则是与《知识财产基本

法》相配套的具体措施方案，从而为政府调控文化产业的政策手段提供了强有力的法律保证。此外，各项法律相应执行组织机构的组建也是日本进行高效立法施政的关键。“知识财富战略本部”就是根据《信息技术基本法》成立的。该部在制订“知识产业促进计划”的同时，设立了“文化产业调查会”，以便及时发现问题，补充和修订文化产业发展策略，制定出更加切实可行的文化产业发展法律法规。相对于硬性的法律条文，作为政府职能延伸的文化中介组织则成为政府战术部署中最为灵活的“触角”，深入市场基层，能够非常准确、快捷、全面地收集国家、行业和企业的相关一线信息，是文化市场中不可或缺的一个组成部分，也是推动文化产业发展的重要力量。

日本文化行业协会发展得较为成熟，几乎每个行业都有自律性组织或机构，他们为日本文化产业的顺利发展创造了完备的“软环境”。大多数行业协会是社团法人，他们主要的职责就是制定行业规范，维护协会会员的合法权益，而且每年都要提供行业的一系列统计数据。一般情况下，日本政府并不直接负责文化产品的审查，而是由行业协会直接进行把关，因此，行业协会在文化产业发展中的作用十分突出。比如，1939 年成立的日本音乐著作权协会，就专门负责音乐著作权相关事务的审核，共拥有作曲家和作词家会员 1.2 万余人，管理着 160 多万首曲目。该协会的主要职能就是按照《著作权中介业务法》的相关规定来征收相关媒体所采用音乐的著作权使用费。另外，日本电脑娱乐提供者协会也是日本较为知名的行业协会，该协会成立于 1994 年，现有会员企业达 200 多家，以软件开发商为主，还有一些学校和经销商。2002 年，该协会确立了电脑游戏软件产品的分级制度，以此为标准来审查该行业所开发的软件产品。一旦新产品被发现没有送审，协会将根据有关规定对该企业进行惩处。由此可见，行业协会在日本的文化产业发展中有着举足轻重的作用，其文化企业都会积极加入各自的行业协会，并严格遵守其所制定的行业规范。

（四）重视文化推广传播活动

日本各大报社的文化中心经常邀请一些专家学者举办讲座，其中包括高雅的艺术表演、美术讲座、书法讲座、摄影讲座等，收费不高，很受大众欢迎。文化和市场深入结合的一个较为成功的范式就是“出版—电影—音乐”的综合经营模式。即一部小说出版后，改编成电影，届时发行电影音乐，环环相扣的经营链条可产生较高的综合经济效益。

采取综合援助的方式鼓励本国文化民间团体到世界各国举办日本文化特色的花道、跆拳道、相扑、茶艺、艺技等表演活动，既宣传了日本传统与特色的文化，提高了其知名度，又获得了海外巨大的经济利益。

1990 年 3 月成立的艺术文化振兴基金就是由政府出资 530 亿日元，民间团体和组织出资 112 亿日元，共同对各领域的文化艺术活动进行甄别给予资金援助。

（五）开展国际文化产业合作，开拓海外市场

日本较早认识到开拓国际文化市场需要汲取国际文化营养，仅靠本国文化艺术难以形成辐射全球的文化产业。为此，日本开展了形式多样的文化交流活动，使本国文化产业形成了旺盛持久活力。例如，1964 年东京奥运会和 1998 年的长野冬季奥运会都给日本带来了巨大的经济效益。与此同时，文化产业国际交流也促进了海外资金和技术的引入。日本政府非常重视与海外的文化交流，深度挖

掘传播日本文化形象，提升各国人民对日本文化的认识水平，塑造“魅力日本文化”的品牌形象，扩大日本文化影响力。其最具特色的营销宣传渠道表现为各种大型会展和颁奖典礼，比如东京国际电影节、东京国际动漫节、东京亚洲音乐节、东京电玩展等。近些年，这些会展活动又有了较大发展，如在亚洲最具影响力的东京国际电影节突破了以往单一电影市场局面，增加电影衍生文化市场，如音像制品、出版物等。2007 年举办的“国际文化嘉年华”作为一个综合性文化宣传平台，则将东京电影节、东京动漫展、东京电玩展三个部分整合在一起，更具日本特色。

2002 年，在日本经产省和文部省的支持与促进下，由日本 17 家民间文化团体和知名的 19 家规模以上文化企业组成，成立了内容产业产品海外流通促进会，通过财政补助和综合援助相结合的方式促进日本文化产品与文化服务的贸易出口，监督管理国外市场的文化产品，保护知识产权，代表日本文化产业界参加国际知识产权保护论坛，参加国际文化市场与日本文化企业相关联的诉讼法律活动，以保护日本文化产品和文化服务的知识产权，进而促进海外文化产业的各种知识产权不受侵犯，维护其合法权益①。此外，日本政府创设的各种文化产业奖项也让人侧目，比如，总理表彰、表扬制度——“总理大臣授奖”，授予那些在文化产业方面有突出贡献的杰出人才以至高荣誉。同时，日本政府还对为提高和传播“日本文化魅力”做出突出贡献的外国人进行表彰，如“国际漫画奖”等。类似措施为促进日本文化产业走向世界创造了条件。

又如，2004 年日本经济产业省为了鼓励日本文化产业在全球市

① 参见杨京钟《日本文化产业财政政策对中国的启示》，《郑州航空工业管理学院学报》2011 年第 6 期。

场的扩张，财政出资特别建立了名为“产业海外展开基金”，用以帮助日本文化产业在海外市场进行扩张，依托政府的宏观政策同美国在文化出口上展开竞争，以此来拉动日本文化产业经济，增加就业人口。此外，日本文部省每年都花费上亿日元的财政经费用于国际文化交流与合作，进而扩大其文化产业的知名度和影响力。日本政府利用财政、税收和金融等各项政策激励本国文化产业走出去参与国际竞争，在海外文化贸易方面给予政策性倾斜，如通过出口退税、再投资退税、财政补贴、政府担保、优惠利率等综合性优惠政策，支持其拓展国际市场。

发达国家国际大都市的文化消费一般具有下述特征和规律：一是文化消费与城市文化、城市定位、民族特色和产业优势紧密结合；二是政策法律体系完备，政府与市场关系边界清晰；三是明确文化管理体制，保证文化发展空间；四是利用政府与市场的双重力量，推动资本渠道多元化；五是利用国家力量，拓展国际市场；六是人才培养体系完备，用人机制灵活。

第八章

促进文化消费的政策路径

文化消费是拉动消费结构升级、推动文化产业繁荣发展的主要驱动力量。但到目前为止，地方政府在推动文化消费的过程中，仍存在很多问题和不足。为此，各级政府应根据本区域的具体情况，制定相应的对策措施，持续拉动居民文化消费，培育文化市场，促进文化产业发展。

第一节　合理配置公共资源，加大文化基础设施建设力度

一　文化基础设施建设的必要性

文化基础设施是公共服务设施的重要组成部分，是用于文化服务、为人类文化生活提供条件的设备、活动场所、建筑物及公共设施。它是居民文化活动的重要载体，是各种文化活动得以开展的基地，是居民精神生活赖以存在和发展的基础条件。文化基础设施是社会文化生活的物质载体和组织方式，是社会文化事业不可或缺的

组成部分，体现了一个国家的生活水准和文明程度。

居民精神文化生活需求将随着人民群众生活水平的提高逐步变化，如果不妥善解决文化设施配套问题，就无法满足和适应居民文化生活的要求。研究发现部分地区文化消费基础设施落后或者缺乏是制约文化消费需求的重要原因之一。文化设施的缺乏导致某些居民的文化消费需求无法得到充分满足，这严重抑制了部分地区居民文化消费需求水平提升。因此，为推动居民文化消费水平提升，需要投入一定财力、物力，建设满足居民文化生活的文化配套设施。

二　文化基础设施建设的途径

加大力度建设城乡公共文化设施是满足城乡居民精神文化生活需求的重要途径，也是对人民群众文化权益的有效维护，是弘扬我国传统文化和传播先进文化的重要保障，也是我国城乡公共文化服务一体化建设的重要基础。

（一）统筹规划，合理布局

地方文化管理部门在辖区内建设文化消费必需的一些场馆等硬件设施，比如展览馆、博物馆以及影剧院等，应该进行前期合理规划，综合考虑人口分布状况，合理布局，从而提升公共文化服务均等化水平。在设计过程中，为了兼顾经济性要考虑场馆方面功能的多样性，便于保持其前期运营的稳定性，防范财务风险。

各地要在市、区、街道、居委会逐步建设各具特色社区文化设施网络，为居民开展各类社区文化活动奠定坚实的基础，使其逐渐成为文化中心，不断发挥文化辐射功能。

（二）政府要统筹城乡，推动城乡社会文化的共同发展

实现和保护人民群众的文化权益，提高群众文化生活质量，是我国统筹城乡文化基础设施建设的出发点。

要统筹安排城乡公共资源配置，彻底改革旧有的城乡二元公共品供给制度，纠正过于向城市集聚的倾向，把农村文化基础设施建设投入由以农民自身为主变成以国家财政为主，逐步扩大国家公共财政从城市到农村的覆盖，强化政府对农村的公共服务职能，加大对农村文化基础设施建设，使农民同城市居民一样平等地享用文化基础设施的权利，满足农民文化需求。

在城市公共基础设施建设的规划发展中首先要以完善城市文化发展功能、提升城市文化水平为切入点，建设能够体现时代气息和民族特色的标志性文化设施。要以信息化为主，健全公益性文化网络设施，使广大市民可以充分享受高质量的文化熏陶。在广大农村，要着力发展小城镇文化中心，围绕文化网络信息传递建设的任务，加大投入，重点建设图书馆、文化馆、博物馆、活动中心等基本设施，让城镇文化与村落文化、家庭文化相互辐射，各显其长，形成城乡一体、百花齐放的文化发展格局[①]。

第二节　为文化产品的生产和消费提供良好的法律制度环境

为了促进文化产品市场持续繁荣健康发展，政府需要创造良好

① 参见颜溢惠《推进城乡公共产品供给均等化》，硕士学位论文，福建师范大学，2009年。

的制度环境，规范消费者与产品供应商的行为。

一　加大消费者权益保护力度

（一）文化消费者权益保护的重要性

文化产品的消费不同于普通的物质商品，后者主要是物质层面的消耗，而前者则是一种精神层面的意义再造行为，是文化的再生产。文化产品在本质上是一种精神产品和符号产品，尽管它也离不开物质材料做依托，但其符号内容才是核心。这也就意味着，对文化产品的消费不仅包含商业层面的购买和占有，更表现为符号层面的理解和阐释。我国文化产业的立法相对滞后，导致目前市场环境中存在诸多不利于文化消费的因素。此外，国家在手机短信、网络音乐影视下载、移动无限增值服务等新媒体、新文化业态的立法空白点较多，使得公民在文化消费中的权益无法得到有效保护。导致短信欺诈、垃圾短信、网络增值服务的收费陷阱等对消费者的利益造成了直接的损害，从而影响居民文化消费的积极性。

要推动文化消费的发展，需要制定更为完善的法律，以保护消费者的合法权益，避免其利益损失，鼓励其消费行为。文化消费权益是指在商品经济条件下，公众在购买、占有、使用和处置艺术产品及服务时所依法应享有的各项权益。在目前，我国对文艺消费权益还没有明确的界定，但参考国际通行的关于消费者权益的规定以及我国的《消费者权益保护法》，文化消费者的核心权益应包括自主选择权、信息对称权、公平交易权、产品退换与受损补偿权、维护尊严权以及监督批评权等。

自主选择权是指消费者自由选择文化产品的权利，其他组织和个人不能随意干涉，更不能将私人意志强加于他人。长期以来，我国各级政府部门习惯用行政手段对文化活动进行指导，因此消费者这方面的权利显得尤为重要和突出，需要给予高度重视和尊重。信息对称权是指大众有权了解艺术产品的相关真实信息，艺术产品提供商有义务为此提供真实情况。公平交易权是指消费者在购买艺术品和享受文化服务时有权享有质量得到保证和价格合理的产品，并拒绝强买强卖现象。

在当今的文化市场，艺术制造商不停地释放各种虚假信息，制造各种噱头，以便获取公众注意；大众传媒也往往沦落为某些艺术品和艺术家的巨型广告，失去客观公正的内涵；而有些文艺批评家也为了蝇头小利而放弃文艺批评求真求善的要义，成为他人的吹鼓手。在诸如此类的闹剧中，赢家似乎总是明星、艺术经销商、文化公司、电影院和大众传媒等，而输家总是那些被哄来进行文艺消费的大众。在文艺消费市场中，这样的利益同盟无疑会使大众进一步被边缘化、孤立化，增加了维护自身利益的难度。

目前我国文化规制主要依靠行政法规，如国务院有关广播电视、电影、出版、印刷业、营业性演出、娱乐场所、大型群众性活动安全、互联网上网服务营业场所、互联网信息服务等的管理条例，图书出版管理规定，电子出版物出版管理规定，互联网文化管理暂行规定，网络游戏管理暂行办法等规章。谢永江等统计分析后认为，我国有关互联网管理的法律法规在数量上已形成一定的规模，但这些众多的法律法规却不能构成一个完整、系统、条理清楚的体系。各项法律法规条块分割，甚至相互冲突，不利于文化产业在一个统一的法律轨道上健康发展。由于缺乏对不同领域融合的理解，在面对跨媒介、跨行业、多对象、动态变化的数字文化产业规制的挑战时显得力不从心。

我国目前在文艺生产的监管上还主要诉之于行政手段，其管理主体包括了中宣部、文化部、国家广电总局、新闻出版署和信息产业部等部门。这种自上而下的管理方式，尽管有其效率性和权威性，但在日益商业化、大众化的文艺市场面前就显得滞后迟钝，力不从心了。尤其是当行政管理受制于组织规模和人力数量时，它就很难跟上文化市场的节奏，甚至出现疲于应付或者干脆一刀切的状况。在这种情况下，文艺消费权益的维护会受到很大限制。此外，行政管理在本质上带有意识形态属性，由于依托于公共权力，可以对很多稀有资源进行配置，这就很容易使意识形态本身成为文化市场的诉求对象。如果这些诉求过于强烈和单一，文艺市场也就会失去市场的开放性和自由性内涵，大众在审美趣味上的多元需求就有可能受到压制。当意识形态管理本身成为文艺消费维权的诉求对象时，其困难也就可想而知了。最后，文艺消费权益的维护还缺少细致全面、具有可操作性的法规条例。我国曾在 1993 年 10 月颁布了《中华人民共和国消费者权益保护法》，用来维护消费者的权益。在此后的 23 年间，该法对保护消费者利益、促进市场经济建设，都起到了莫大的作用。但是，该法主要适用于物质消费品，一旦涉及以精神内容为主的文艺产品时，就很难作出有效分析，也无法对投诉案件作出处理，如对大众反映强烈的文艺节目造假、作品的粗制滥造、艺术品的自拍自买、电影票房的造假等问题都缺乏适当、有效的惩处条款。从消费者所受侵害的角度来看，保护法所设定的条款主要是针对人身、财产所受到的损害，对文艺产品可能带来的精神伤害并没有相应规定和赔偿方案。此外，文艺产品的消费带有一次性特征，因此适用于物质商品的补偿方式如包修、包换、包退等也无法直接拿过来施之于文艺产品。缺乏具体可行的文艺消费权益保护条例，大概才是文艺投诉在目前少之又少的根本原因。

（二）维护文化消费权益的障碍

只有在大众的文艺选择权、阐释权、批评权等权益得到充分的尊重和保护时，文化的繁荣与发展才能获得持久而深厚的动力。维护好大众的文化消费权益既是民主社会大众权益的扩展，也是对大众人格尊严和文艺审美趣味的尊重。在我国推进艺术产业化的情势下，也只有维护好大众的文艺消费权益，才能提升文艺产品的质量，优化艺术产业的结构，并为艺术产业的人性化发展提供内在的引导、持久的动力。

近几年，大众要求维护文艺消费权益的呼声越来越高。在各类传统的或新锐的媒体中，大众对许多艺术产品的粗制滥造、弄虚作假表示强烈的愤慨。但就实际结果来看，大众的不满只能表现为舆论上的批评，还无法转化为切实的维权行动和经济补偿。近几年，各省消协在盘点消费投诉事件时，发现涉及文艺甚至文化消费的投诉少之又少。但在笔者看来，更根本的原因在于文化消费领域的维权存在其更为深层的难点，不仅涉及艺术价值判定标准的模糊性、文艺生产模式的复杂化，也关涉相关法律法规的缺失等问题。只有正视这些深层问题，才能在文艺消费领域提出建设性的维权策略和路径。文艺消费权益在维护上的难点首先在于文艺产品很难有一个统一的价值判断标准。与普通产品不同，文艺产品在价值构成上既包括物质部分，如影碟的清晰度、图书的纸张和装帧等，也包括符号内容，前者是载体，后者是核心。一般而言，由于前者具有明确的物理属性，很容易借助科技手段进行质量鉴定和价值评估，但一旦涉及文艺产品的精神符号内容，问题就十分复杂了，似乎很难找到被普遍认同的客观标准。对文艺作品精神内容的评判在本质上是一种情感判断，它依赖于欣赏者的主观体验和情感反应。这首先意味着，物质的检测手段对此将无能为力。同时，作为主观的情感体验，由于不同的个体在价值立场、知识积累和审美取向上往往存在不同，他们对同一产品往往会有很不相同的评价。就目前的现实情况来看，维护大众在文艺领域的消费权益有以下几个重点内容需要认真对待。

（三）保护文化消费者权益的措施

其一，加强文艺市场监管，建立良性的文艺生产、流通和销售制度。

近几年，文艺领域备受批评，许多粗制滥造的文艺节目泛滥于书店、银屏和荧幕，以至于在每年的人民代表大会上，都有代表大声疾呼，加强对文艺领域立法。在众多的批判声中，包括专家学者在内的很多人往往将文艺领域目前的粗制滥造归罪于文艺领域的市场化和商业化，认为是商业的盈利逻辑损害了文艺的品格和内涵。其实造成我国文艺领域品格不高、质量粗糙的罪魁祸首并不是市场经济本身，而是市场经济在运行机制上的不完善。一旦优胜劣汰的市场经济法则在文艺领域得到真正贯彻，劣质文化产品也就无法在文化市场立足。只有堵住文艺市场在生产、销售和营销等各个层面的漏洞，才会有更好的文艺作品问世，大众的文艺消费权益也才能得到更好的保护。当然，这种监管应该淡化行政的职能，凸显法律的力量。通过立法，明确规定文化产品的经营者、制造者和精神文化服务的提供者的各项义务和责任，规定消费者作为“上帝”在精神文化消费中的各项权益。鉴于精神文化消费品的特殊性，应该对文化市场进行特殊的管理，将出版业、音像制品放映业等作为特种行业对待，对这些行业的经营做出严格的资格审查，发放特许经营许可证。要按照法律程序扫黄打非、净化文化市场，物价管理部门也应对娱乐业的收费进行适当的监督和控制，维护消费者的合法权益。

其二，强化文化相关领域的职业道德建设和责任意识培养，打破文艺操作过程中的商业合谋。

在文化领域周围，艺术经销商、大众传媒和文艺评论家等机构是商业合谋的主要构成要素，这些机构和组织形成利益攻守同盟的关键原因，在于其在商业利益的诱惑下对自己应该坚守的职业道德甚至人格操守的彻底放弃，成为唯利是图的逐利工具。因此，在各个行业树立坚定的职业操守，将敬业从道德规范上升为精神信仰也是极为迫切的社会建设任务。这就不仅需要依靠法律、舆论、纪律和报酬等外在手段来约束，更需要将职业所要求的道德规范内化为主体的自觉追求，以体认、敬畏的心态来接纳。这是因为“当规范仅仅以外在的形式存在时，其现实的作用本身往往缺乏内在的担保”。各个行业的从业者不仅要有职业的操守，还要有社会的担当，后者需要每一个人有勇气对理性加以公共运用，超越狭隘的私人视界，站在更为广阔的人类立场思考问题。只有在对理性的公共运用中，人们才算是一个启蒙了的现代人。有了这双重的态度和立场，文艺消费领域的商业联盟才可能遭到瓦解，大众才有可能提高在文化消费中的主动性①。

其三，完善消费者权益保护法，将文化消费领域的新状况、新要求尽可能地包含进来，使大众的文化消费权保护有法可依、有据可循。

随着艺术产业的进一步壮大，越来越多的大众在更为深刻和广

---

①　参见李红春《文艺消费权益与艺术产业发展》，《汕头大学学报》（人文社会科学版）2012年第1期。

泛的层次上卷入了文化消费领域，在这种情况下对消费者权益保护法进行补充和完善就有了更为重要的意义。首先，需要仔细剖析文化消费作为精神消费品的复杂性、主观性和一次性等特征，使修正的内容更有针对性和有效性。其次，文化消费权益的修订应实现修订主体的多元化，尽可能将更多阶层和群体的利益诉求、审美等包容进自己的主张中来。在文化消费上并不存在唯一正确的尺度和标准，尽管审美趣味所依赖的阶层群体有强弱之别，但这些趣味在价值上并没有高低、优劣的区分，这就意味着只有将更多群体的审美取向和价值主张考虑进来，才有可能使相关修正更具普遍意义和民主内涵。此外，对文化消费权益的补充和完善，还需要考虑到对传统文化心理的尊重、对西方已有经验的借鉴及我国意识形态的特殊要求。只有建立在尊重、多元和对话基础上的修正，才具有现代意义和现实价值。

其四，对艺术商、文化企业、艺术家等个人和群体，建立起更为多元、动态和全面的评价体系。

在市场经济体系下，商业利润往往不自觉地成为衡量艺术家和文化企业之价值高低的唯一尺度，如最近几年虽引起争议但坚持存在下来的“作家富豪榜”即为一例。但对于艺术家、文艺产品而言，仅仅一个尺度还远远不够。文艺活动是一个综合体，它不仅包含商业价值，还是社会价值和审美价值的承载者。这些价值之间也并非简单的正比关系，要想真实地反映某一作品或艺术家的价值，至少需要从这三个方面来考虑其影响[①]。就此，一方面需要扩大评价的对象，将更多的艺术家、作品、文化机构等包含进来；另一方

① 参见李红春《文艺消费权益与艺术产业发展》，《汕头大学学报》（人文社会科学版）2012年第1期。

面更应丰富榜单的类别，在商业价值之外，建立诸如大众口碑榜、专家美誉榜、社会价值榜等评价体系。只有综合考虑多方面的价值，才有可能抑制那些以票房、版税论英雄的唯经济论，才有可能克服知识精英孤芳自赏的封闭性和唯我论，从而促进文艺作品的升级、文艺市场的完善，保护消费者对高质量文艺产品的消费权。

严惩走私、制作、贩卖、传播淫秽的书刊、影片、录像带、图片或其他淫秽物品的犯罪分子，加强社会主义精神文明建设。除了严格执行这个决定外，还要对精神文化消费领域中的欺诈与暴利行为做出适当的法律规定，加强对消费者精神文化消费权益的刑法保护。通过制作、贩卖、传播反动、淫秽音像制品和书刊或提供假冒伪劣文化产品及服务牟取暴利而危害社会的，对他们要实行重罚，使之不敢轻易冒险。对公开放映淫秽录像或提供色情服务的，只有罚得他们倾家荡产、胆战心惊，才能制止他们继续从事非法经营活动，从而维护广大消费者尤其是青少年消费者的精神文化消费权益。

二　加强文化产品版权保护，避免恶性竞争

（一）版权保护的重要性

一段时期以来，我国的文化产品生产企业不重视对原创性产品的生产，模仿成风，相互抄袭，粗制滥造，消费市场上缺乏精品，长此以往会导致消费市场的萎缩。要改变这种状态，需要下大力气保护原创企业的合法权益，鼓励支持优秀原创产品的生产，打击以模仿、抄袭为赢利手段的企业。只有大量原创优秀产品的产生涌现，才能激发民众的消费热情，不断扩大文化消费市场。因此今后要重视对相关企业的版权进行保护，不断完善相关法律体系建设，

并加大执法的力度，为相关企业合法有序竞争创造良好条件。

建立充分有效的版权保护制度，有利于开发民族智力资源，促进作品的正常使用与知识的广泛传播。版权制度的实质是一种对人类智力创造活动从产权角度进行激励的制度，通过对作者和相关权利人创新精神的保护，带动与作品创作和传播有关产业的发展，从而推动整个经济和社会的健康发展。创新产生了对版权保护的社会需求，逐渐形成了日趋完备的版权保护的社会需求和版权保护制度，版权制度本身也包含着版权贸易，又推动了创新向更高层次的发展，成为推动创新的动力和保护机制。

（二）强化版权法律意识，加大版权保护力度

完善的司法保护能够有效地保护版权所有者的切身利益，从而大大激发人们从事版权产品创作的积极性和热情，为版权资源的开发和利用奠定基础。目前，我国版权法律规范比较齐全，经过20多年的法制教育、法制宣传以及法律培训，国民的法律素质有了明显的提高，但是具体到个人或者企业，却仍然存在着巨大的差距。此外，执法力度相对比较弱、行政管理机构分散、司法审判受到的干扰太多。

首先，需要建立一个适于我国的版权产业化制度支持体系，以此为基础不断优化支持版权产业化的软环境。政府应根据市场经济发展的需要，在一定时期对法律、法规、政策、规章予以制定、修改、补充，不断完善法律制度，以适应社会与经济发展需要。同时，要保持法律、法规、政策的相对稳定性、连续性，维护法律的权威性，发挥政府的引导作用。其次，政府通过制定知识产权发展规划和发展战略，以及通过行政拨款重点支持某些领域和某些行业的知识产权事业发展。同时，通过加强知识产权基

础设施建设，加强知识产权信息的传播和应用，提高管理的自动化和信息化水平，营造良好的服务环境等措施来推动知识产权事业的发展。最后，政府主管部门应根据国家经济和社会发展规划，同相关部门合作，将知识产权工作渗透到各个领域，纳入各个相关部门的管理规范之中，保证知识产权工作的协调发展。同时，政府主管部门还应对企事业单位贯彻执行知识产权法律情况进行监督检查，对违反知识产权法律的行为进行查处，以维护市场经济的正常秩序①。

第三节　加强引导，着力培育文化消费群体

文化消费群体培育是开发文化市场，促进文化产业发展的重要环节和有效途径。居民文化消费需求的产生依赖于较高的文化素养和稳定的收入预期，只有具备较高文化素养、收入稳定人群大幅度增加，才会产生大量的文化需求，形成更大规模的文化产品需求市场。

一　完善政策配套，提高居民收入预期，释放消费潜力

国内学者的调查研究显示，与同一收入水平阶段发达国家的居民相比，国内居民文化消费意愿明显不足，在文化消费支出方面往往比较保守，对未来的文化消费预期也较低，文化消费观念有待转变。例如杨凌对河南省文化消费的调查，发现该省七成以上的家庭

① 参见张梅《版权产业与版权保护》，《知识产权》2006 年第 3 期。

平均每人每月用于文化消费的支出在100元以下；对于未来文化消费支出，超过半数的人只愿意拿出家庭收入的5%约32.1元[①]；而对于居民家庭消费的迫切需要，选择“物质产品”的人数是选择“精神产品”的近两倍，文化消费一直作为一种“软需求”而受到冷落。

造成这种状况的原因，可能与现有的医疗和社会保障体系不完善以及长期以来形成的消费习惯相关联。首先，我国医疗和社会保障制度的建立比较晚，与制度成熟的发达国家相比还存在很多问题和不尽如人意的地方，加之近年来住房价格上涨较快，而居民收入增长的速度又落后于经济增长的速度。20世纪90年代中期以来，随着我国对住房、医疗、教育、养老等多项福利保障制度的改革。一方面，居民用于住房、医疗、教育的支出迅速增加，如前所述，城镇居民的医疗、住房消费弹性较高；另一方面，居民对未来的预期支出骤然增加，对未来的不确定性增强，从而增加储蓄额度以应对未来的支出，影响了居民的消费水平，使得城镇居民的平均边际消费倾向逐渐降低，削弱了居民的文化消费能力。这种现象让相当数量的居民对未来家庭收支状况产生了不太乐观的预期，抑制了其消费信心的提升。此外，我国历史发展过程中形成的高水平的风险防范意识，也对居民文化消费产生了明显的抑制作用。其次，长期以来国内居民收入维持在较低水平上，追求温饱是大多家庭的最高愿望，没有能力满足自身的文化需要。低收入水平养成的消费习惯很难在短期内改变，尽管改革开放以来居民收入快速增长，但温饱问题的解决也不过十多年而已，因此消费行为非理性现象比较突

① 杨凌：《我省城乡居民文化消费差异有多大？——城市人文娱支出是农民的四倍》，《河南日报》2005年11月4日。

出，或“过度节俭”或“畸形消费”，这是导致文化消费不足的另一原因。

为了改变这种情况，一方面，需要政府以及文化产品供给者，持续加大宣传力度，倡导健康、积极的文化消费行为，激发居民文化消费的愿望，调动其参与文化消费的积极性。另一方面，需要政府部门加快健全各项社会保障体系，通过政策调整来缓解居民远期支出压力，消除居民对未来生活的过度担忧，稳定其个人收支预期，为其合理安排家庭的储蓄与消费提供制度保障，从而达到释放居民消费能力，提高文化消费的目的。从各国实践来看，比较完善的社会保障制度与合理的保障水平能够对国民储蓄产生“挤出效应”，有利于“释放”社会的消费能力①。

文化消费的增长必须以居民可支配收入的持续增长和低层次的物质需要的满足为前提。鉴于目前我国城镇居民收入上的差异性，政府应考虑城镇高收入阶层与低收入阶层之间消费能力的差异性。为了扩大城镇居民家庭的文化消费，形成生产与消费之间的良性互动循环，政府部门应充分发挥在财政、收入分配、税收、价格和利率汇率等方面的政策调控作用，遏制医疗保健和居住支出的增加所带来的沉重负担，降低消费热点对文化消费的挤出效应。同时，对欠发达地区文化消费实行补贴，从文化产品价格优惠等方面进行扶持，平衡全国文化消费市场和文化产业的发展。② 利用财政、税收等政策合理调节、引导文化产品的生产及价格，采取差别定价、票价补贴等多种方式，降低居民文化消费的成本。

① 参见韩海燕《中国城镇居民文化消费问题实证研究》，《中国流通经济》2012 年第 6 期。

② 参见邱羚《我国文化消费的理论与实证研究》，《商业时代》2011 年第 36 期。

二　借助媒介，传播文化消费观念

（一）传播科学合理的消费理念

要通过传播科学合理的消费理念，纠正中国居民在传统文化影响下形成的过于保守的消费习惯。我们应通过电视、报纸、杂志、网络等媒介进行宣传，充分发挥他们的舆论导向作用。首先，要改变我国长久以来受儒家文化影响形成的保守型消费文化。改变人们长期以来形成的只消费生活必需品，享受型、发展型消费是"非必需"消费、是"浪费"或者是在"储蓄充足"之后才进行消费的固有观念。积极引导居民从单纯满足基本需求的物质消费向追求物质消费和精神消费并重的更高层次消费需求转变，使人们认识到文化产品等发展型消费的重要作用，鼓励居民在吃好、穿好、住好的同时，积极开展丰富多彩的精神生活，引导居民消费结构升级。同时，也要注意文化产业在文化、信息传播方面可能产生的负面影响。要消除不正确的消费攀比心理，摒弃盲目消费、畸形消费和不敢消费等落后观念，提高居民消费品位，培养合理的消费习惯，逐步形成稳定的消费市场①。

（二）要培养公众的文化产品识别力

在虚假产品宣传充斥的文化市场，政府为维护良好的市场秩序，除需要不断强化自身监管能力外，也需要消费者不断提升自我保护能力和维权意识，发挥对生产方的监督制约作用。为此公众有

---

① 参见吴石磊《中国文化产业发展对居民消费的影响研究》，博士学位论文，东北师范大学，2014年。

必要以挑剔和审慎的态度对文化产品及与其相关的宣传、评论等信息进行分析比较，将其中可能隐藏着的过度夸大的信息剔除出去，谨防因受言辞蛊惑而遭受物质与精神上的双重损害。鉴于广大民众艺术判断力普遍低下的无奈现实，需要通过国民教育的途径来提升大众的艺术识别能力。文化产品辨识力的培养无论对于国民素质的提高，还是文化市场的健康发展，都有不可替代的积极意义。

提升公众的文化辨识力应首先培育民众自主平等的现代人格意识。在传统的文化活动领域，公众尤其是年轻人往往习惯于为艺术家、导演和明星等人戴上美丽的光环，视其为人类文化和社会良知的杰出代表，并将他们作为自己崇拜的偶像。很多年轻人成为某明星的所谓“粉丝”，不问是非对错对其崇拜对象盲目追捧，在这种状态下，理性的文化产品辨识力是无从谈起的。因此需要进一步培养以平等独立为核心的公众现代人格意识，重新校订被扭曲的公众与艺术家们的关系。二者的关系应该是一种更为积极、健康并以平等为核心的契约关系，公众要深刻认识到艺术家群体仅仅拥有令其钦佩的艺术才能而已，他们并没有道德、人格上的先天优势。面对艺术家及其作品，公众要以平等的人格意识将艺术家视为与自己对等的一员，须以现代消费者的契约意识向作为商人的艺术家提出更高的产品要求。当前艺术界尤其是影视界所暴露出来的种种道德丑闻也向一度迷狂失去自我的“粉丝”提出了警示，也从另外一个角度证明了文艺消费者树立人格平等意识的必要性和迫切性。

只有加强对文化消费权益的保护，才能更好地尊重并保护现代社会赋予每一个社会个体的主体权利，也才能以一种外部监督的方式有效地促进文化市场更加规范有序、更加多元深厚，并最终促进文化产业的健康发展，满足大众日益增长的精神文化需求。

三 扶持文化技能培训机构，扩大文化消费群体

文化消费者的文化素质属于人的后天形成的素质，是指人们为消费文化产品及从事职业劳动所具备的知识和知识应用能力。人与人之间的文化素质客观上存在差异，国家或区域内人群的文化素养的变化将直接影响到文化产品的社会需求总量。随着科学技术的不断进步和广泛应用，文化艺术的不断创新和广泛传播，文化消费体验过程对主体的文化素质的依赖程度越来越高。比如，上网聊天和参与网络游戏，就必须熟悉计算机和互联网知识；欣赏西洋歌剧，就必须具备相应的外语、艺术和历史知识；想要玩台球、网球、保龄球、沙壶球，就必须掌握这些球类技能；等等。文化消费者的文化素质越高，其文化消费需求的数量和质量也就越高。

（一）积极扶持文化培训机构的发展壮大

技能培训包括语言、艺术、技术、体育、娱乐等专业素质的培养与训练，主要采取培训班、俱乐部、家教等教学方式。据统计，2008 年全国文化行业系统文化馆站举办各类训练班次 30 万次，培训人次 1714 万次。此外，还有教育、体育、广播影视、信息网络等行业经营单位以及民办培训机构兴办的各类专业技能培训和家教活动。技能培训与基础教育一样，既是文化产业中蕴含着巨大商机的服务产品项目，又是培育全民各种文化素质的重要途径。一方面，地方政府要为文化技能培训机构发展壮大提供各种条件，加强监管，维护良好的市场秩序，创造优越的法制环境；另一方面，在税收、场地等方面给予一些特别的扶持政策。

（二）大力支持社会团体文化推广活动

组织推广是指社会组织所从事的公益性或经营性的文化推广和普及活动，具有间接教育的特点。组织推广大体可以分为四种类型：(1）政府组织的地方性、全国性的文化普及活动以及地区间、国际间的文化交流活动，如山东潍坊风筝节、全国戏曲调演活动、上海国际电影节等；(2）社会团体组织的各类学术交流和宣传普及活动，如信息技术发展趋势研讨会、民俗文化展览会等；(3）文化事业单位组织的图书阅览、文物展览、文艺表演等公益性文化活动；(4）文化企业单位开展的经营性的营业推广活动，如试听、试练、现场演示、专题讲座、服务指导等。近年来，北京音乐厅和中山音乐堂利用寒暑假，积极组织中、小学生优惠票价的音乐会专场，吸引众多家长带孩子观赏演出，为北京地区青少年一代音乐素质和欣赏水平的普遍提高做出了贡献。为提高下一代的文化素质和不断扩大文化消费群体规模，需要更多的文化企业加入诸如此类的半公益、半经营性的活动行列。地方政府应该为此类活动提供各种优惠和便利条件，如在税收、场所以及安保服务方面提供支持。

四　加强市场监管，调控文化产品市场价格

文化产品市场本身是竞争性市场，但是文化产品是传承文化的载体，具有不同程度的公益性。因此文化产品价格应该坚持以市场决定为基础、政府干预为辅，应对不同类型文化产品采取差别化引导手段，综合运用财政补贴、政府采购、税收优惠等政策支持文化传承型产品，对政策性资金使用加强监管，确保政府补贴惠及普通消费者。政府或协会可参考社会调查的合理票价水平，定期发布不

同地区不同等级剧场的最高票价与平均票价参考范围以及票价结构指南，引导演出商合理选择演出场地，鼓励其增加演出场次、降低平均票价，并提高满足大众消费偏好的中低价位票的比例。鼓励演出企业采取预算倒推模式，最大限度地合理压缩出场费、团队成本等。鼓励演出企业改进收益分成模式，可考虑先预付部分资金，最后根据票房情况分成。推进剧团和剧场无缝对接，借鉴电影市场的成功经验，建立舞台演出的院线制度，提高市场运作效能，建议政府减少捐助人所得税或同意将捐款列入企业开支。政府还应通过购买文化产品和服务的形式支持剧院为市民群众提供消费得起的文化演出，对低收入者、老年人、学生等特殊群体还可以发行优惠卡，凭卡以低廉的价格购买演出门票和电影票，引导他们的文化消费需求，体现政府公共文化服务理念。支持剧院、院团为市民提供公益性演出，对商业演出市场运作的不足部分给予适当补贴，以培育文化市场和潜在消费群体，提升市民文化消费层次。另外，政府还应规范演出市场管理，引导文化经营主体合理定价，杜绝影剧院人情性的赠票和折扣票现象。各经营主体在引进高端的、一流的演出剧目时，共担演出成本，共享演出资源，全面提高演出市场的节目水准[①]。

① 参见 http：//www.chinacity.org.cn/csfz/cswh/66560.html。

参考文献

[1] 霍步刚：《国外文化产业发展比较研究》，博士学位论文，东北财经大学，2009 年。

[2] 张慧娟：《美国文化产业政策及其对中国的启示》，博士学位论文，中共中央党校，2012 年。

[3] 杨京钟：《日本文化产业财政政策对中国的启示》，《郑州航空工业管理学院学报》2011 年第 6 期。

[4] 邱羚：《我国文化消费的理论与实证研究》，《商业时代》2011 年第 36 期。

[5] Thorstein Veblen. M. , *The Theory of the Leisure Class*, New York: Dover Publications Inc. , 1899.

[6] Adorno, T. W. and Horkheimer, *Dialectic of Enlightenment*, London: The Free Press, 1979.

[7] Miller, D. ,*Material Culture and Mass Consumption*, Oxford: Basil Blankwell, 1987.

[8] 让·鲍德里亚：《消费社会》，刘成富译，南京大学出版社 2001 年版。

[9] 徐淳厚：《关于文化消费的几个问题》，《北京商学院学报》1997 年第 4 期。

[10] 施涛：《文化消费的特点和规律探析》，《广西社会科学》1993 年第 3 期。

[11] 雷五明：《九十年代城市文化消费的特点及其影响因素的调查》，《消费经济》1993 年第 3 期。

[12] 徐康宁：《略论恩格尔系数及其在我国的适用程度——兼与任定方同志商榷》，《数量经济技术经济研究》1984 年第 7 期。

[13] Frey, Bruno S. & Werner W. Pommerehne. *Muses and Markets*: *Explorations in the*

Economics of the Arts, Oxford: Basil Blackwell , 1998.

[14] 彭真善、李靖波、曹伏良:《我国农村精神文化消费的现状及改进思路》,《湖南大学学报》(社会科学版) 2008 年第 3 期。

[15] 崔到陵、许成安:《收入导向型商品、价格导向型商品和文化消费——由“大、小蛋糕现象”切入的分析》,《财经理论与实践》2007 年第 3 期。

[16] 仝如琼、王永贵:《城镇居民文化消费与文化产业发展》,《商业研究》2010 年第 3 期。

[17] 朱晨曦:《文化消费的可持续性问题研究》,硕士学位论文,上海交通大学,2013 年。

[18] 任红葆:《文化消费简论》,《社会科学》1986 年第 10 期。

[19] 夏学銮:《当前文化消费误区种种》,《人民论坛》2011 年第 18 期。

[20] 黄青禾:《关于农业的文化消费功能》,《改革与战略》1997 年第 6 期。

[21] 西奥多 · W. 舒尔茨:《人力资本投资——教育和研究的作用》,梁小民译,商务印书馆 1990 年版。

[22] 关连珠:《关于发展文化消费的几个问题》,《社会科学战线》2011 年第 6 期。

[23] 亚当 · 斯密:《国富论》(上卷),杨敬年译,陕西人民出版社 2001 年版。

[24] 彭真善、李靖波、曹伏良:《我国农村精神文化消费的现状及改进思路》,《湖南大学学报》(社会科学版) 2008 年第 3 期。

[25] 韩震:《全球化、现代消费和人的认同》,《江海学刊》2005 年第 5 期。

[26] 范周:《中国城市文化消费报告》,社会科学文献出版社 2010 年版。

[27] 步蕾英、王伟然:《山东省农村文化消费状况及影响因素实证分析》,《科学与管理》2010 年第 1 期。

[28] 蔡少远、雷萍等:《成都市农民文化需求调查报告》,《中华文化论坛》2007 年第 1 期。

[29] 王亚南、方彧:《中国东西部文化消费影响因素异同探析》,《广义虚拟经济研究》2010 年第 1 期。

[30] 陈燕武、夏天:《中国农村居民文教娱乐消费区域性差异分析》,《经济问题探索》2006 年第 9 期。

[31] 王亚南:《全国各地城乡居民文化消费比较》,《云南社会科学》2008 年第

5 期。

[32] 陆立新:《农村居民文化消费影响因素的区域差异及动态效应分析》,《统计与决策》2009 年第 9 期。

[33] 刘雯雅:《当前农民文化消费需求状况及对策调查报告》,《黑龙江科技信息》2009 年第 30 期。

[34] Ruskin J. , Arts & Economics, *Analysis & Cultural Policy*, 1871.

[35] Throsby David, The Production and Consumption of the Arts: A View of Cultural Economics, *Journal of Economic Literature*, 1994 (2) .

[36] Nicholas Garnham, *Arguments about the Media and Social Theory*, Prentice Hall, 1983 (9) .

[37] 韩海燕:《中国城镇居民文化消费问题实证研究》,《中国流通经济》2012 年第 6 期。

[38] 张梅芬、孙丽萍、朱海燕:《曲靖市城镇居民文化消费实证分析》,《曲靖师范学院学报》2010 年第 5 期。

[39] 鲁婧颉:《转型时期居民文教娱乐消费的收入弹性分析》,《产业经济评论》2010 年第 1 期。

[40] 雷五明:《九十年代城市文化消费的特点及其影响因素的调查》,《消费经济》1993 年第 3 期。

[41] 米银俊、王守忠、孙浩:《浅析〈资本论〉中的文化消费》,《地质技术经济管理》2002 年第 3 期。

[42] Takwing Chan, John H. Goldthorpe, Social Stratification and Cultural Consumption: Music in England, *European Sociological Review*, 2006.

[43] Gonzalvo P. S. , Lopez - Sintas J. , Garcia - Alvarez E. , Socialization Patterns of Successors in First to Second - Generation Family Businesses, *Family Business Review*, 2002, 15 (3) .

[44] 陈汉圣、武志刚、左熠:《农村文化消费:现状特征及计量分析》,《经济研究参考》1996 年第 4 期。

[45] 梁君、顾江:《农村文化消费:动因、问题与对策——以江苏省为例》,《消费经济》2009 年第 4 期。

[46] Bihagen E., How Do Classes Make Use of Their Incomes? A Test of Two Hypotheses Concerning Class and Consumption on a Swedish Data - set from 1992, *Social Indicators Research*, 1999, 47 (2).

[47] Katz T. G., Talmud I., Structural Analysis of a Consumption - based Stratification Indicator: Relational Proximity of Household Expenditures, *Social Indicators Research*, 2005, 73 (1).

[48] Aydin K., Social Stratification and Consumption Patterns in Turkey, *Social Indicators Research*, 2006, 75 (3).

[49] Tally Katz - Gerro, Highbrow Cultural Consumption and Class Distinction in Italy, Israel, West Germany, Sweden, and the United States, *Oxford Journals*, 2002 (1).

[50] Erik Bihagen, Tally Katz - Gerro, Culture Consumption in Sweden: The Stability of Gender Differences, *Poetics*, 2000 (5).

[51] Tak Wing Chan & John H. Goldthorpe, Social Stratification and Cultural Consumption: Music in England, *Oxford Journals*, 2007 (1).

[52] Tally Katz - Gerro, Cultural Consumption and Social Stratification: Leisure Activities, Musical Tastes, and Social Location, *Sociological Perspectives*, 1999, 42 (4).

[53] Yuko Aoyama, The Role of Consumption and Globalization in a Cultural Industry: The Case of Flamenco, *Geoforum*, 2007 (38).

[54] Pau Rausell Koster, Tests of Endogenous Growth Models, *Quarterly Journal of Economics*, 1998 (2).

[55] 周方平:《我国居民文化消费的发展趋势及其对策》,《消费经济》1990 年第 5 期。

[56] 仝如琼、王永贵:《城镇居民文化消费与文化产业发展》,《商业研究》2010 年第 3 期。

[57] 邹晓东:《“十五”期间上海市文化消费变动因素研究》,《上海经济研究》2007 年第 6 期。

[58] 付雪静:《小城镇不同居民群体家庭文化消费的差异性研究》,硕士学位论文,华中农业大学,2007 年。

[59] 赵东坡:《当前我国文化消费的特征及发展趋势》,《商业时代》2009 年第

10 期。

[60] 赵书华、王华强:《北京文化产业发展影响因素的灰色关联分析》,《经济论坛》2008 年第 9 期。

[61] 茅中飞:《江苏省城镇居民文化消费的实证研究》,《江苏商论》2009 年第 11 期。

[62] 姚刚、赵石磊:《中国城镇居民文化消费的实证研究》,《黑龙江社会科学》2008 年第 1 期。

[63] 赵卫亚:《中国城镇居民文教消费的地区差异分析》,《统计研究》2005 年第 1 期。

[64] 贾传亮:《山东省城镇居民文化消费分析》,《商业研究》2004 年第 4 期。

[65] 张沁:《文化消费可持续发展》,《信息导刊》2004 年第 16 期。

[66] 冯义涛、邹晓东:《上海市民收入变化对文化消费发展的影响》,《上海经济研究》2000 年第 11 期。

[67] 李惠芬:《南京城镇居民文化消费研究》,《江苏商论》2010 年第 2 期。

[68] 程静:《居民文化消费现状及发展对策》,《特区经济》2012 年第 5 期。

[69] 刘洁、陈海波、肖明珍:《基于 Panel - Data 模型的江苏城市居民文化消费的实证研究》,《江苏商论》2012 年第 4 期。

[70] 孟华、李义敏:《上海城镇居民文化消费的影响因素研究》,《预测》2012 年第 2 期。

[71] 王俊杰:《基于面板数据的河南农村文化消费地区差异研究》,《经济地理》2012 年第 1 期。

[72] 彭翊:《中国省市文化产业发展指数报告》,中国人民大学出版社 2013 年版。

[73] 李杏、章孺:《文化消费影响因素的实证研究——以江苏为例》,《南京财经大学学报》2013 年第 4 期。

[74] 李宝杨、熊秀兰、俞京京:《浙江省城乡居民文化消费差异分析》,《浙江金融》2013 年第 5 期。

[75] 鲁虹、李晓庆:《上海市城镇居民文化消费影响因素实证研究》,《消费经济》2013 年第 6 期。

[76] Moya Kneafsey, Rural Cultural Economy Tourism and Social Relations, *UK Annals of*

Tourism Research, 2001 (3): 762 -783.

[77] 张晓明:《"十一五"文化产业发展五大趋势》,《发展》2006年第4期。

[78] 钱光培:《我国人民群众精神文化需求及精神文化产品生产现状、特点、规律与对策研究》,《北京社会科学》2001年第2期。

[79] [英] 泰勒:《原始文化》,连树声译,上海文艺出版社1992年版。

[80]《文化产业振兴规划》,政府网 http://www.gov.cn/jrzg/2009-09/26/content_1427394.htm。

[81] 尹世杰:《消费经济学》,高等教育出版社2003年版。

[82] 罗钢、王中忱:《消费文化读本》,《国外理论动态》2003年第9期。

[83] 葛红兵、谢尚发:《文化消费:文化产业振兴的根本问题——兼评2009年上海文化消费状况》,《科学发展》2009年第12期。

[84] 张春皇:《福建省城镇居民文化消费结构分析》,《合作经济与科技》2013年第5期。

[85] 谭延博等:《山东省城镇居民文化消费结构探析》,《山东理工大学学报》(社会科学版)2010年第2期。

[86]《中国家庭教育支出规模庞大》,中国产业信息网 http://www.chyxx.com/industry/201312/224921.html。

[87] 李婷:《在经济学研究范式下的文化产业研究》,硕士学位论文,重庆大学,2006年。

[88] 彭翊:《中国省市文化产业发展指数报告》,中国人民大学出版社2013年版。

[89] 杨延华:《文化消费初探》,硕士学位论文,首都师范大学,2005年。

[90] 闫平:《公共文化供给与文化消费》,《中共济南市委党校学报》,2014年第2期。

[91] 崔玉贞:《文化消费调研报告(2012):受教育程度对文化消费的影响》,http://www.icipku.org/academic/BasicRes/Consumption/2012/03/27/1507.html。

[92] 邓田生、谭波、刘慷豪:《湖南省城镇居民收入与文化消费的协整分析》,《湖南医科大学学报》(社会科学版)2008年第10期。

[93] 冯祎:《北京市城镇居民文化消费实证分析》,硕士学位论文,北京交通大学,2012年。

[94] 解学芳:《公共文化产品供给绩效与文化消费生态研究——以上海为例》,《统计与信息论坛》2011 年第 7 期。

[95] 程恩富、顾钰民:《新的活劳动价值一元论——劳动价值理论的当代拓展》,《当代经济研究》2001 年第 11 期。

[96] 唐启义:《DPS 处理系统:实验设计、统计分析及数据挖掘》,科学出版社 2014 年版。

[97] 葛红兵、高翔、徐畅等:《创新、升级与培育——2013 上海文化消费报告》,《科学发展》2014 年第 3 期。

[98] 葛红兵、谢尚发,上海市人民政府发展研究中心网站,http://www.fzzx.sh.gov.cn/LT/GZNCO4696.html。

[99] 黄倩妮:《全球化语境下中国城市文化消费差异研究——以北京、上海、长沙演艺业为视阈》,硕士学位论文,华东师范大学,2010 年。

[100] 胡惠林:《我国文化产业创新体系的若干问题》,《学术月刊》2001 年第 11 期。

[101] Lawrence, T. B., Phillips, N., Understanding Cultural Industries, *Journal of Management Inquiry*, 2002.

[102] 周冲:《北京居民文化消费调查》,《前线》2014 年第 4 期。

[103] 张武岳:《北京推文惠卡培育文化消费市场 市民可多渠道申领》,人民网,http://politics.people.com.cn/n/2013/0929/c368804-23077212.html。

[104] 尹力:《北京惠民文化季启动"点燃"京城文化消费》,中国新闻网,http://www.chinanews.com/cul/2014/08-19/6507478.shtml。

[105] 马国超、王建、杨为然、孙立波:《杭州与上海等其他城市的文化消费比较》,杭州蓝皮书,http://www.hzsk.com/portal/n1259c95.shtml。

[106] 施炜、傅懿瑾:《福州文化消费市场培育研究》,《福州党校学报》2012 年第 4 期。

[107] Scott, A. J., Cultural-Products Industries and Urban Economic Development: Prospects for Growth and Market Contestation in Global Context, *Urban Affairs Review*, 2004a, 39 (4).

[108] O'Connor, Justin, The Definition of the "Cultural Industries", *The European Journal of Arts Education*, 2000, 2 (3).

[109] Garnham N. , From Cultural to Creative Industries, *International Journal of Cultural Policy*, 2005, 11 (1) .

[110] 李江帆:《文化产业: 范围、前景与互动效应》,《经济理论与经济管理》2003 年第 4 期。

[111] 戴钰:《文化产业空间集聚研究——以湖南地区为例》, 博士学位论文, 武汉理工大学, 2012 年。

[112] 李红春:《文艺消费权益与艺术产业发展》,《汕头大学学报》(人文社会科学版) 2012 年第 1 期。

[113] 林东生:《论文化消费增长与文化产业发展趋势》, 《东岳论丛》2011 年第 5 期。

[114] 金禅智:《韩国文化产业的发展及其对中国的启示》, 硕士学位论文, 对外经济贸易大学, 2006 年。

[115] 房宏婷:《论文化消费与文化产业的互动关系》,《理论学刊》2011 年第 10 期。

[116] 颜溢惠:《推进城乡公共产品供给均等化》, 硕士学位论文, 福建师范大学, 2009 年。

[117] 田绪永:《韩国经验对我国文化产业发展的借鉴意义》,《中国青年研究》2004 年第 1 期。

[118] 张梅:《版权产业与版权保护》,《知识产权》2006 年第 3 期。

[119] 张永文、李谷兰:《韩国发展文化产业的战略和措施》, 《北京观察》2003 年第 12 期。

[120] 吴石磊:《中国文化产业发展对居民消费的影响研究》, 博士学位论文, 东北师范大学, 2014 年。

[121] 李从国:《基于农村文化消费需求的沈阳农村文化产业发展研究》, 硕士学位论文, 沈阳理工大学, 2011 年。

附　录

一　文化产业分类

<table>
<tr><th colspan="4">类别</th><th>代码</th></tr>
<tr><td rowspan="20">文化产品的生产</td><td rowspan="14">一
新闻出版发行服务</td><td>（一）新闻服务</td><td>新闻业</td><td>8510</td></tr>
<tr><td rowspan="7">（二）出版服务</td><td>图书出版</td><td>8521</td></tr>
<tr><td>报纸出版</td><td>8522</td></tr>
<tr><td>期刊出版</td><td>8523</td></tr>
<tr><td>音像制品出版</td><td>8524</td></tr>
<tr><td>电子出版物出版</td><td>8525</td></tr>
<tr><td>其他出版业</td><td>8529</td></tr>
<tr><td rowspan="5">（三）发行服务</td><td>图书批发</td><td>5143</td></tr>
<tr><td>报刊批发</td><td>5144</td></tr>
<tr><td>音像制品及电子出版物批发</td><td>5145</td></tr>
<tr><td>图书、报刊零售</td><td>5243</td></tr>
<tr><td>出版物零售</td><td>5244</td></tr>
<tr><td rowspan="6">二
广播电视电影服务</td><td rowspan="2">（一）广播电视服务</td><td>广播</td><td>8610</td></tr>
<tr><td>电视</td><td>8620</td></tr>
<tr><td rowspan="4">（二）电影和影视录音服务</td><td>电影和影视节目制作</td><td>8630</td></tr>
<tr><td>电影和影视节目发行</td><td>8640</td></tr>
<tr><td>电影放映</td><td>8650</td></tr>
<tr><td>录音制作</td><td>8660</td></tr>
</table>

续表

类别				代码
文化产品的生产	三 文化艺术服务	（一）文艺创作与表演服务	文艺创作与表演	8710
			艺术表演场馆	8720
		（二）图书馆与档案馆服务	图书馆	8731
			档案馆	8732
		（三）文化遗产保护服务	文物及非物质文化遗产保护	8740
			博物馆	8750
			烈士陵园、纪念馆	8760
		（四）群众文化服务	群众文化活动	8770
		（五）文化研究和社团服务	社会人文科学研究	7350
			专业性团体（的服务）＊—学术理论社会团体的服务—文化团体的服务	9421
		（六）文化艺术培训服务	文化艺术培训	8293
			其他未列明教育＊—美术、舞蹈、音乐辅导服务	8299
		（七）其他文化艺术服务	其他文化艺术业	8790
	四 文化信息传输服务	（一）互联网信息服务	互联网信息服务	6420
		（二）增值电信服务（文化部分）	其他电信服务＊—增值电信服务（文化部分）	6319
		（三）广播电视传输服务	有线广播电视传输服务	6321
			无线广播电视传输服务	6322
			卫星传输服务＊—传输、覆盖与接收服务—设计、安装、调试、测试、监测等服务	6330
	五 文化创意和设计服务	（一）广告服务	广告业	7240
			专业化设计服务	7491
		（二）文化软件服务	软件开发＊—多媒体、动漫游戏软件开发	6510
			数字内容服务＊—数字动漫、游戏设计制作	6591

续表

类别				代码
文化产品的生产	五 文化创意和设计服务	（三）建筑设计服务	工程勘察设计＊—房屋建筑工程设计服务—室内装饰设计服务—风景园林工程专项设计服务	7482
		（四）专业设计服务		
	六 文化休闲娱乐服务	（一）景区游览服务	公园管理	7851
			游览景区管理	7852
			野生动物保护＊—动物园和海洋馆、水族馆管理服务	7712
			野生植物保护 ＊—植物园管理服务	7713
		（二）娱乐休闲服务	歌舞厅娱乐活动	8911
			电子游艺厅娱乐活动	8912
			网吧活动	8913
			其他室内娱乐活动	8919
			游乐园	8920
			其他娱乐业	8990
		（三）摄影扩印服务	摄影扩印服务	7492
	七 工艺美术品的生产	（一）工艺美术品的制造	雕塑工艺品制造	2431
			金属工艺品制造	2432
			漆器工艺品制造	2433
			花画工艺品制造	2434
			天然植物纤维编织工艺品制造	2435
			抽纱刺绣工艺品制造	2436
			地毯、挂毯制造	2437
			珠宝首饰及有关物品制造	2438
			其他工艺美术品制造	2439
		（二）园林、陈设艺术及其他陶瓷制品的制造	园林、陈设艺术及其他陶瓷制品制造＊—陈设艺术陶瓷制品制造	3079
			首饰、工艺品及收藏品批发	5146
		（三）工艺美术品的销售	珠宝首饰零售	5245
			工艺美术品及收藏品零售	5246

续表

类别				代码
文化相关产品的生产	八 文化产品生产的辅助生产	（一）版权服务	知识产权服务＊—版权和文化软件服务	7250
		（二）印刷复制服务	书、报纸印刷	2311
			本册印制	2312
			包装装潢及其他印刷	2319
			装订及印刷相关服务	2320
			记录媒介复制	2330
		（三）文化经纪代理服务	文化娱乐经纪人	8941
			其他文化艺术经纪代理	8949
		（四）文化贸易代理与拍卖服务	贸易代理＊—文化贸易代理服务	5181
			拍卖＊—艺（美）术品、文物、古董、字画拍卖服务	5182
		（五）文化出租服务	娱乐及体育设备出租＊—视频设备、照相器材和娱乐设备的出租服务	1712
			图书出租	7122
			音像制品出租	7123
		（六）会展服务	会议及展览服务	7292
		（七）其他文化辅助生产	其他未列明商务服务业＊—公司礼仪和模特服务—大型活动组织服务—票务服务	7299
	九 文化用品的生产	（一）办公用品的制造	文具制造	2411
			笔的制造	2412
			墨水、墨汁制造	2414
		（二）乐器的制造	中乐器制造	2421
			西乐器制造	2422
			电子乐器制造	2423
			其他乐器及零件制造	2429
		（三）玩具的制造	玩具制造	2450
		（四）游艺器材及娱乐用品的制造	露天游乐场所游乐设备制造	2461
			游艺用品及室内游艺器材制造	2462
			其他娱乐用品制造	2469

续表

类别				代码
文化相关产品的生产	九 文化用品的生产	（五）视听设备的制造	电视机制造	3951
			音响设备制造	3952
			影视录放设备制造	3953
		（六）焰火、鞭炮产品的制造	焰火、鞭炮产品制造	2672
		（七）文化用纸的制造	机制纸及纸板制造＊—文化用机制纸及纸板制造	2221
			手工纸制造	2222
		（八）文化用油墨颜料的制造	油墨及类似产品制造	2642
			颜料制造＊—文化用颜料制造	2643
		（九）文化用化学品的制造	信息化学品制造＊—文化用信息化学品的制造	2664
		（十）其他文化用品的制造	照明灯具制造＊—装饰用灯和影视舞台灯制造	3872
			其他电子设备制造＊—电子快译通、电子记事本、电子词典等制造	3990
		（十一）文具乐器照相器材的销售	文具用品批发	5141
			文具用品零售	5241
			乐器零售	5247
			照相器材零售	5248
		（十二）文化用家电的销售	家用电器批发＊—文化用家用电器批发	5137
			家用视听设备零售	5271
		（十三）其他文化用品的销售	其他文化用品批发	5149
			其他文化用品零售	5249
	十 文化专用设备的生产	（一）印刷专用设备的制造	印刷专用设备制造	3542
		（二）广播电视电影专用设备的制造	广播电视节目制作及发射设备制造	3931
			广播电视接收设备及器材制造	3932
			应用电视设备及其他广播电视设备制造	3939
			电影机械制造	3471

续表

<table>
<tr><th colspan="4">类别</th><th>代码</th></tr>
<tr><td rowspan="5">文化相关产品的生产</td><td rowspan="5">十　文化专用设备的生产</td><td rowspan="3">（三）其他文化专用设备的制造</td><td>幻灯及投影设备制造</td><td>3472</td></tr>
<tr><td>照相机及器材制造</td><td>3473</td></tr>
<tr><td>复印和胶印设备制造</td><td>3474</td></tr>
<tr><td>（四）广播电视电影专用设备的批发</td><td>通信及广播电视设备批发＊—广播电视电影专用设备批发</td><td>5178</td></tr>
<tr><td>（五）舞台照明设备的批发</td><td>电气设备批发＊—舞台照明设备的批发</td><td>5176</td></tr>
</table>

二　各地区城镇居民文化娱乐消费支出额

（单位：元）

地区＼年份	2005	2006	2007	2008	2009	2010	2011	2012
全国	526.1	591.0	690.8	736.1	826.9	966.3	1101.7	1213.9
北京	1261.8	1540.2	1507.0	1574.3	1730.3	1873.0	2135.6	2481.7
天津	567.3	702.6	866.2	893.7	1023.6	1147.0	1335.2	1329.0
河北	386.8	411.6	499.4	559.8	621.2	580.5	680.5	722.4
山西	383.7	468.0	471.7	471.1	522.5	621.9	696.5	786.4
内蒙古	464.0	537.0	691.8	815.2	874.9	996.2	1071.7	1185.3
辽宁	320.4	342.7	443.4	475.3	549.6	763.6	856.6	1027.3
吉林	298.1	398.4	417.2	495.6	366.7	580.3	729.2	759.6
黑龙江	322.6	359.7	381.0	354.5	432.9	473.0	592.2	589.3
上海	1136.6	1206.5	1450.1	1708.6	1947.8	2195.4	2460.8	2482.4
江苏	631.6	745.6	972.8	1048.8	1123.8	1301.5	1689.9	1966.1
浙江	877.0	893.5	960.4	1017.0	1113.8	1352.0	1483.5	1539.6
安徽	313.6	326.1	502.1	526.7	587.5	782.9	854.4	984.6
福建	575.6	688.5	797.6	766.8	907.5	1180.7	1249.9	1348.7
江西	412.6	474.1	499.8	557.5	642.9	706.1	818.6	938.7
山东	493.4	569.4	614.8	697.3	760.3	795.2	881.6	963.9
河南	383.4	423.9	481.3	524.6	570.5	740.8	829.3	975.5

续表

地区＼年份	2005	2006	2007	2008	2009	2010	2011	2012
湖北	387.5	440.7	528.8	466.3	580.0	655.9	798.8	926.1
湖南	556.5	608.9	662.8	566.6	630.8	813.4	899.2	950.4
广东	913.2	1010.2	1182.8	1215.8	1390.3	1550.6	1718.9	1875.7
广西	470.7	452.6	600.6	597.9	707.6	789.2	940.8	946.2
海南	304.9	352.2	405.0	471.1	503.5	523.0	576.7	747.3
重庆	618.6	632.9	641.2	730.6	813.0	935.6	1014.8	990.1
四川	459.4	496.1	518.0	525.0	625.7	789.6	835.3	965.3
贵州	428.7	514.4	546.0	498.5	710.7	760.5	844.1	896.1
云南	438.2	433.1	403.8	438.7	519.8	691.4	888.6	931.4
西藏	250.2	87.4	177.4	214.1	265.1	279.7	286.7	325.1
陕西	380.1	506.7	544.8	584.3	750.3	843.8	984.4	1123.0
甘肃	436.9	489.3	535.6	507.9	598.7	659.3	711.3	870.9
青海	442.6	457.1	534.7	491.9	522.1	558.3	639.7	6752
宁夏	381.7	520.3	487.4	578.6	637.5	801.8	874.5	934.8
新疆	285.1	357.7	407.8	395.3	451.6	579.0	607.6	680.8

（1）各地区家庭收入状况

（单位：元）

地区＼年份	2012	2011	2010	2009	2008
北京市	40321.00	36468.80	32903.00	29072.90	26738.50
天津市	32293.60	29626.40	26920.90	24292.60	21402.00
河北省	22580.30	20543.40	18292.20	16263.40	14718.30
山西省	22455.60	20411.70	18123.90	15647.70	13996.60
内蒙古	25496.70	23150.30	20407.60	17698.20	15849.20
辽宁省	25578.20	23222.70	20466.80	17712.60	15761.40
吉林省	22274.60	20208.00	17796.60	15411.50	14006.30
黑龙江省	19597.00	17759.80	15696.20	13856.50	12566.00
上海市	43851.40	40188.30	36230.50	31838.10	28837.80

续表

年份 地区	2012	2011	2010	2009	2008
江苏省	32537.50	29677.00	26340.70	22944.30	20551.70
浙江省	37850.80	34550.30	30970.70	27359.00	24610.80
安徽省	23114.20	21024.20	18606.10	15788.20	14085.70
福建省	30816.40	28055.20	24907.40	21781.30	19576.80
江西省	21872.70	19860.40	17494.90	15481.10	14021.50
山东省	28264.10	25755.20	22791.80	19945.80	17811.00
河南省	22398.00	20442.60	18194.80	15930.30	14371.60
湖北省	22906.40	20839.60	18373.90	16058.40	14367.50
湖南省	23414.00	21318.80	18844.10	16565.70	15084.30
广东省	33090.00	30226.70	26897.50	23897.80	21574.70
广西	23305.40	21242.80	18854.10	17063.90	15451.50
海南省	22928.90	20917.70	18369.00	15581.10	13750.90
重庆市	25216.10	22968.10	20249.70	17532.40	15748.70
四川省	22367.60	20307.00	17899.10	15461.20	13839.40
贵州省	20667.10	18700.50	16495.00	14142.70	12862.50
云南省	23235.50	21074.50	18575.60	16064.50	14423.90
西藏	20023.40	18028.30	16195.60	14980.50	13544.40
陕西省	22858.40	20733.90	18245.20	15695.20	14128.80
甘肃省	18964.80	17156.90	14988.70	13188.60	11929.80
青海省	19498.50	17566.30	15603.30	13855.00	12691.90
宁夏	21833.30	19831.40	17578.90	15344.50	14024.70
新疆	19873.80	17920.70	15513.60	13643.80	12257.50

（2）各地区教育水平状况（每10万人口中大专生数量，2010年为普查年没有人看抽查数据）

（单位：人）

年份 地区	2012	2011	2009	2008	2007
北京	6143	5597	4433	3986	4213

续表

年份 地区	2012	2011	2009	2008	2007
天津	2553	2313	1713	1501	1498
河北	3232	3045	3233	2818	2454
山西省	2707	2347	2198	2092	2105
内蒙古	2364	2532	1619	1539	1560
辽宁	6519	4500	4371	4128	3765
吉林省	1955	2031	1913	1793	1790
黑龙江	3093	2945	2131	1980	2151
上海	4392	4063	3855	3707	3457
江苏省	8373	7651	4995	4621	5355
浙江	6473	5547	4335	4148	3727
安徽	4721	3218	2360	2063	2054
福建省	2262	3583	2918	1774	1741
江西	2846	2536	2447	2309	2638
山东	7367	6885	4728	4369	4652
河南	4798	5612	4006	3703	3237
湖北	5514	5181	3662	3965	4057
湖南	3749	4114	3254	3519	3384
广东	8027	8852	5512	5667	5207
广西	2281	3172	1613	1308	1606
海南	694	526	482	407	447
重庆	2299	2696	1300	1019	918
四川	6258	5338	3844	3038	2901
贵州	1749	2232	1035	1108	1026
云南	2438	2558	1152	1334	1540
西藏	99	117	40	41	29
陕西	3150	3050	2885	2802	2525
甘肃	1790	1816	1053	999	864
青海	423	405	403	347	331
宁夏	452	452	425	390	380
新疆	2272	2433	1658	1699	1567

（3）各地区人均文化消费支出状况

（单位：元）

地区＼年份	2012	2011	2010	2009	2008
北京	3696.00	3306.80	2901.90	2655.00	2383.50
天津	2254.20	2116.00	1899.50	1740.90	1609.00
河北	1203.80	1204.00	1001.00	982.2	946.4
山西	1506.20	1419.40	1229.70	1070.60	1041.90
内蒙古	1971.80	1812.10	1641.20	1504.40	1383.50
辽宁	1843.90	1614.50	1495.90	1283.70	1145.50
吉林省	1642.70	1468.30	1244.60	1028.10	1071.80
黑龙江	1216.60	1190.90	1001.50	956.9	906.2
上海	3723.70	3746.40	3363.30	3139.00	2874.50
江苏	3077.80	2695.50	2133.30	1968.00	1799.80
浙江	2996.60	2816.10	2586.10	2295.30	2195.60
安徽	1932.70	1631.30	1479.80	1225.40	1160.10
福建	2104.80	1879.00	1786.00	1505.00	1453.20
江西	1487.30	1429.30	1179.90	1066.90	946
山东	1655.90	1538.40	1401.80	1333.00	1277.40
河南	1525.30	1373.90	1137.20	1048.10	989
湖北	1651.90	1489.70	1263.20	1208.50	1037.20
湖南	1737.60	1526.10	1418.90	1207.70	1110.10
广东	2954.10	2647.90	2376.00	2168.90	1936.40
广西	1626.10	1502.70	1243.70	1111.10	1081.50
海南	1319.50	1141.80	1004.60	962	930.9
重庆	1470.60	1474.90	1408.00	1351.90	1267.00
四川	1587.40	1369.50	1224.70	1150.70	947
贵州	1396.00	1331.40	1254.60	1146.40	934.7
云南	1434.30	1350.70	1014.40	798.7	733
西藏	550.5	514.4	478	465.8	419.6
陕西	2078.50	1857.60	1595.80	1430.20	1281.60
甘肃	1388.20	1158.30	1136.70	1025.50	936.3
青海	1097.20	967.9	908.1	889.3	880.9
宁夏	1515.90	1441.20	1286.20	1075.90	1043.70
新疆	1280.80	1122.20	1012.40	855.5	812.4

（4）各地区文化事业投入情况

（单位：亿元）

地区＼年份	2012	2011	2010	2009	2008
北京	141.37	87.01	79.36	74.75	61.11
天津	35.85	29.76	24.28	19.81	18.01
河北	59.29	50.45	37.09	38.02	29
山西	60.2	48.17	31.24	27.97	27.19
内蒙古	87.21	68.78	52.96	47.33	31.62
辽宁	79.25	68.6	56.76	76.25	29.94
吉林	47.48	44.25	32.93	29.36	28.21
黑龙江	47.27	44.94	39.5	33.46	23.96
上海	72.51	68.8	54.95	53.12	49.52
江苏	150.9	116.86	88.67	77.18	66.74
浙江	94.18	85.09	77.15	64.09	63.76
安徽	71.43	62.35	51.68	42.14	32.75
福建	46.07	35.86	27.1	25.77	22.43
江西	44.77	39.66	28.38	22.93	18.78
山东	114.27	91.57	74.03	70.4	55.22
河南	69.63	57.54	54.99	58.67	41.46
湖北	62.47	47.09	36.67	36.03	25.25
湖南	54.5	44.87	39.66	33.08	25.35
广东	137.64	170.56	166.16	111.5	66.72
广西	45.52	37.48	32.77	29.27	29.25
海南	19.85	16.6	11.61	9.75	6.82
重庆	33.08	31.16	24.04	19.04	16.54
四川	120.7	87.35	59.37	45.7	34.57
贵州	49.85	35.31	23.98	23.62	17.84
云南	62.06	45.34	35.53	32.38	27.98
西藏	24.18	18.91	12.48	13.36	9.21
陕西	91.81	61.27	47.86	40.89	31.81
甘肃	49.87	33.07	29.78	24.5	19.45
青海	18.92	14.32	11.57	15.58	9.89
宁夏	14.44	13.94	16.09	9.03	7.09
新疆	68.23	47.7	33.92	33.34	27.66

三　DPS 聚类分析结果

（1）分 5 类时

组别	样本号	X1	X2	X3	X4	到中心距离
1	北京市	6.1614	4.3643	5.0088	4.6963	1.3458
1	上海市	4.3419	4.9353	5.6186	2.8973	1.3458
第一组	平均值	5.2517	4.6498	5.3137	3.7968	0.851174
2	河北省	1.4358	1.6189	1.9318	1.0000	0.4070
2	安徽省	1.5688	1.5874	2.6019	1.2527	0.3688
2	江西省	1.7845	1.4733	2.1791	1.0895	0.2191
2	河南省	1.5182	1.5741	2.1676	1.0028	0.2062
2	湖北省	2.2315	1.5997	2.3525	1.1183	0.6058
2	湖南省	1.7419	1.7168	2.4645	1.007	0.297
2	广西	1.4491	1.7631	2.3251	1.135	0.2558
2	重庆市	1.7697	1.9323	2.4556	1.2426	0.421
2	四川省	1.6796	1.4905	2.2336	1.2479	0.1585
2	贵州省	1.4132	1.2359	2.1643	1.2481	0.4484
2	云南省	1.3843	1.6243	1.9298	1.2679	0.4284
第二组	平均值	1.6342	1.6015	2.2551	1.1465	0.158104
3	山西省	1.9594	1.5382	2.2299	1.4723	0.4821
3	吉林省	2.0388	1.4951	2.29	1.687	0.3126
3	黑龙江省	1.9306	1.1329	1.9109	1.3673	0.603
3	海南省	1.8142	1.5352	1.9387	1.8289	0.3432
3	陕西省	2.2152	1.5531	2.8628	1.8146	0.8034
3	甘肃省	1.6392	1	2.0304	1.5876	0.5865
3	青海省	2.0131	1.1287	1.7416	2.7808	0.9891
3	宁夏	1.9866	1.4728	2.2603	2.2335	0.3964
3	新疆	2.464	1.1044	1.8504	2.2452	0.6781

续表

组别	样本号	X1	X2	X3	X4	到中心距离
第三组	平均值	2.0068	1.3289	2.1239	1.8908	0.266007
4	天津市	3.8179	3.2009	3.3035	2.2711	1.524
4	内蒙古	2.2315	1.9599	2.885	2.6258	1.3127
4	辽宁省	2.866	1.9607	2.5873	1.7772	1.2281
4	江苏省	2.2551	3.0579	3.9617	1.6347	0.6986
4	浙江省	2.5102	3.9651	4.351	1.7797	1.5249
4	福建省	1.9831	2.8144	3.0179	1.2377	0.7674
4	山东省	1.8095	2.416	2.5306	1.235	1.2233
4	广东省	1.95	3.2283	4.0927	1.6215	0.9891
第四组	平均值	2.4279	2.8254	3.3412	1.7728	0.571497
5	西藏	1	1.2882	1	5.3092	0
第五组	平均值	1		1	5.3092	
最小组内平方和			19.950108			
R 方统计量			0.833749			
伪 F 值			32.597533			

（2）方差分析表

	类间均方	误差均方	*F* 值	*p* 值
X1	6.0721	0.2197	27.6415	0
X2	6.4453	0.1623	39.7205	0
X3	6.2353	0.1946	32.0458	0
X4	6.2598	0.1908	32.8085	0

（3）分六类组别划分

组别	样本号	X1	X2	X3	X4	到中心距离
1	北京	6.1614	4.3643	5.0088	4.6963	1.3458
1	上海	4.3419	4.9353	5.6186	2.8973	1.3458

续表

组别	样本号	X1	X2	X3	X4	到中心距离
第一组	平均值	5. 2517	4. 6498	5. 3137	3. 7968	0. 777012
2	河北	1. 4358	1. 6189	1. 9318	1	0. 407
2	安徽	1. 5688	1. 5874	2. 6019	1. 2527	0. 3688
2	江西	1. 7845	1. 4733	2. 1791	1. 0895	0. 2191
2	河南	1. 5182	1. 5741	2. 1676	1. 0028	0. 2062
2	湖北	2. 2315	1. 5997	2. 3525	1. 1183	0. 6058
2	湖南	1. 7419	1. 7168	2. 4645	1. 007	0. 297
2	广西	1. 4491	1. 7631	2. 3251	1. 135	0. 2558
2	重庆市	1. 7697	1. 9323	2. 4556	1. 2426	0. 421
2	四川	1. 6796	1. 4905	2. 2336	1. 2479	0. 1585
2	贵州	1. 4132	1. 2359	2. 1643	1. 2481	0. 4484
2	云南	1. 3843	1. 6243	1. 9298	1. 2679	0. 4284
第二组	均值	1. 6342	1. 6015	2. 2551	1. 1465	0. 158104
3	山西	1. 9594	1. 5382	2. 2299	1. 4723	0. 4821
3	吉林市	2. 0388	1. 4951	2. 29	1. 687	0. 3126
3	黑龙江省	1. 9306	1. 1329	1. 9109	1. 3673	0. 603
3	海南	1. 8142	1. 5352	1. 9387	1. 8289	0. 3432
3	陕西	2. 2152	1. 5531	2. 8628	1. 8146	0. 8034
3	甘肃	1. 6392	1	2. 0304	1. 5876	0. 5865
3	青海	2. 0131	1. 1287	1. 7416	2. 7808	0. 9891
3	宁夏	1. 9866	1. 4728	2. 2603	2. 2335	0. 3964
3	新疆	2. 464	1. 1044	1. 8504	2. 2452	0. 6781
第三组	平均值	2. 0068	1. 3289	2. 1239	1. 8908	0. 266007
4	天津市	3. 8179	3. 2009	3. 3035	2. 2711	1. 243
4	内蒙古	2. 2315	1. 9599	2. 885	2. 6258	0. 9391
4	辽宁	2. 866	1. 9607	2. 5873	1. 7772	0. 7045

续表

组别	样本号	X1	X2	X3	X4	到中心距离
第四组	平均值	2.9718	2.3738	2.9253	2.2247	0.49356
5	江苏	2.2551	3.0579	3.9617	1.6347	0.4246
5	浙江	2.5102	3.9651	4.351	1.7797	1.2558
5	福建	1.9831	2.8144	3.0179	1.2377	0.701
5	山东	1.8095	2.416	2.5306	1.235	1.3204
5	广东	1.95	3.2283	4.0927	1.6215	0.5538
第五组	平均值	2.1016	3.0964	3.5908	1.5017	0.42322
6	西藏	1	1.2882	1	5.3092	0
第六组	平均值	1	1.2882	1	5.3092	
最小组内平方和				15.740824		
R 方统计量				0.868826		
伪 F 值				33.117446		

（4）方差分析表

	类间均方	误差均方	F 值	P 值
X1	5.1417	0.1717	29.9517	0
X2	5.352	0.1296	41.2945	0
X3	5.1543	0.1691	30.4741	0
X4	5.2039	0.1592	32.6826	0

后　记

书稿基本完成之际，感慨良多，写作中面临的各种困难是外人难以体会的。能坚持到最后，实属不易。感谢中国社会科学出版社为拙作提供了一个面世的机会。

偶然的机会，笔者参与了河北省文化产业发展的一个项目，走访了省内外一些文化管理部门和相关企业，感觉文化产业的发展是一个值得研究关注的问题，由此开始思索文化产业发展背后的影响因素，关注文化消费的区际差异问题，但由于水平和时间的限制，一直以来未能对这一问题进行深入的探索。研究过程中遇到了很多困难，如数据搜集、案例处理等多方面，加上还有个人理论积淀的制约。中间也曾想过放弃，但朋友总在不厌其烦地督促，如果此时放弃，感觉对不起的人实在太多，只好硬着头皮做下去。

河北经贸大学张金桐教授多次给予鼓励和鞭策，使我们得以对这个问题进行较深入的考察和探索，虽然我们的研究工作还存在各种问题与不足，但毕竟已经迈出了非常关键的第一步。本书共8章，其中第1—6章由李剑欣执笔，第7—8章由张占平执笔。由于水平所限，本书尚存许多不足和局限，敬请谅解。

作　者

2016年1月